YESENIA THEN

CÓMO
SER
AMIGO
DEL
ESPÍRITU

SANTO

renacer

CÓMO SER AMIGO DEL ESPÍRITU SANTO

PARA VALORAR SU COMPAÑÍA, COMPRENDER SU INSTRUCCIÓN
Y SER GUIADOS POR SU DIRECCIÓN

© 2025 por Yesenia Then

Correcciones: Mercedes Merlo
Diseño y diagramación de Portada: Alejandra Perez / Pablo Montenegro
Diseño de Interior: Pablo Montenegro

Publicado y Distribuido por EDITORIAL RENACER

Paperback   9798989655267
E-book   9798989655274

IMPRESO EN REPUBLICA DOMINICANA

renacer

CÓMO
SER
AMIGO
DEL
ESPÍRITU

SANTO

CONTENIDO

PRÓLOGO

Hoy en día el cristiano promedio tiene una seria dificultad espiritual: no profundizar en su vivencia diaria con el Espíritu Santo de Dios. Con respecto a esto, es sumamente urgente que el creyente pase de reconocerle a conocerle. De nada sirve saber que el Espíritu Santo existe si desconozco a profundidad quién es, cómo opera y con que finalidad nuestro Señor Jesús le rogó a Dios Padre para que nos lo enviara. Simplemente no se le podrá recibir, ni ver, ni conocer. Sobre esto Jesús dijo: "Y yo rogaré al Padre, y os dará otro Consolador, para que esté con vosotros para siempre: el Espíritu de verdad, al cual el mundo no puede recibir, porque no le ve, ni le conoce; pero vosotros le conocéis, porque mora con vosotros, y estará en vosotros.", Juan 14:16-17 (RVR60). El desconocimiento trae destrucción, el conocimiento trae libertad, por ello me alegra que este libro haya salido del corazón de Dios para plasmarse en líneas con profunda revelación, y hoy tener la posibilidad de ser ayudados, desde el principio bíblico, no solo a reconocer sino a conocer al Espíritu Santo, para crecimiento del lector en su vida espiritual con Dios.

¡Jesús estableció una promesa que no está rota ni mucho menos en el olvido! La venida del Espíritu es la respuesta sobre enviar un Ayudador, un Consolador, respuesta que hoy sigue en absoluto cumplimiento. Reitero que existe la urgente necesidad de que el creyente en estos tiempos finales profundice en el conocimiento de la teología del Espíritu Santo. Esto es de interés de Dios Padre, y es propósito de Cristo, por lo que contar con literatura delicadamente preparada, profundizada y publicada por una ministra de Dios con una profunda responsabilidad espiritual, nos servirá de ayuda en tal crecimiento deseado. Eso es este libro, una obra literaria necesaria para coadyuvar en el crecer en Dios, porque es un reto para valientes escribir sobre un tema tan abundante y profundo como es el Espíritu Santo, dado que es el infinito de Dios abordado por mentes finitas, definitivamente solo Él nos puede ayudar, y aquí tenemos un testimonio de esta verdad.

Por la bendición y honor de haber nacido de unos padres que ya le servían a Dios, he pasado prácticamente toda mi vida girando en torno a la Iglesia de Cristo, creería que no ha pasado una semana de mi vida sin que haya pisado un templo cristiano. Esto me ha permitido observar que, en cada generación de la iglesia de Cristo en este continente, Dios siempre ha levantado un grupo de siervos usados fuertemente por su Espíritu Santo para la expansión de su reino. Hombres y mujeres que han marcado a cada generación con la manifestación de unción, tenacidad y testimonio de vida, generando en cada tiempo la inspiración necesaria que anima a nuevos ministros a levantarse con fe y disposición para continuar la labor en la obra de Dios en la tierra. Con la llegada de la conectividad tecnológica, la huella de cobertura y reconocimiento de ministros se ha incrementado exponencialmente, haciendo que hoy sea más ágil la penetración en territorios y sectores sociales que antes resultaban muy complejos o imposibles de abordar. La combinación de plataformas tecnológicas con ministerios relevantes bajo el poder del Espíritu Santo ha traído como resultado un alcance inusitado del mensaje transformador de Jesucristo, logrando superar las paredes de templos y sitios de reuniones eclesiales para llegar de manera directa, diaria y con poder, a personas que inclusive no profesan nuestra misma confesión de fe. En esa línea de influencia, si preguntamos por mujeres que están siendo de inspiración a multitudes más allá de las fronteras, hoy, una de las primeras en mencionar sin duda será la pastora Yesenia Then, una servidora de Dios usada por Él como diáfano canal de bendición para las naciones.

Solo conocía a la pastora Yesenia a través de las redes digitales, por lo que tenía mucha expectativa de conocerla personalmente. Esto sucedió en nuestra ciudad Barranquilla, allí tuve el honor de compartir con ella y parte de su familia, cuando los recibimos para servir a Dios durante ese fin de semana en el congreso anual de mujeres de nuestra iglesia local. Esa primera noche, junto con su esposo, el pastor Joan, y mi esposa Lizzette, disfrutamos de una muy amena y deliciosa cena de bienvenida. Fue una conexión muy especial, mientras avanzábamos en la conversación se evidenciaban coincidencia en procesos y situaciones de vida personal y familiar, como también mucha similitud en conceptos, formas y objetivos en el ejercicio ministerial. Ese compartir de los alimentos, algo simple y común para cualquiera, el Espíritu Santo lo utilizó para accionar en nuestras vidas una de sus obras más maravillosas en la tierra: lograr una comunión espiritual con un fluir de amor profundo, entre personas que aman y sirven a Dios, demostrando que, sin antes haber tenido íntimas conversaciones, pudimos expresar e interiorizar momentos como si nos conociéramos de toda una vida, pero, ante todo, estableciendo un vínculo espiritual para propósitos eternos.

Disfrutar la oportunidad de una amistad ministerial con la pastora Yesenia y su equipo, me permite ser una voz que con autoridad atestigua acerca del compromiso, comunión y dependencia de ella por el Espíritu Santo. Junto con su esposo Joan y las personas que los acompañan en sus actividades ministeriales, antes de subir a una plataforma delante de miles de personas, se dedican a intimar con el Espíritu Santo. Son horas en ayuno, oración, meditación en las Escrituras, revisión de las notas del tema a compartir, aún los minutos previos a tomar un micrófono son alimentados de rodillas ante Dios, clamándole al Espíritu por su poderosa manifestación, cosa que se evidencia a través de milagros, liberaciones de almas cautivas, y esa profunda, pero a la vez sencilla manera de trasmitir la palabra de Dios a quienes la escuchan.

Algunos se preguntarán, ¿qué tiene que ver el Espíritu Santo con una común cena entre cristianos? ¡Todo! Tiene que ver todo, pero no estarán de acuerdo los que piensan que el Espíritu solo es para momentos de cánticos y oraciones. Porque, así como lo expresa su autora en este libro, el Espíritu Santo quizás ha sido la persona de la Divinidad más ignorada, sumiendo a muchos a tener una reducida compresión de quién es él, desestimando todo lo que tiene por enseñarnos, aconsejarnos, respaldarnos o guiarnos. Se le ha relegado su poderoso accionar a ritos o momentos con un aspecto más religioso, en lugar de comprender que el Espíritu Santo puede, y debe, ser parte integral de todo y cada uno de los aspectos de nuestro vivir. Él puede operar en nosotros para convencernos de que somos pecadores (Juan 16:8), o que somos hijos del Padre (Romanos 8:16), o hasta ayudarnos en la preparación de los alimentos, sí hasta en eso puede operar el Espíritu de Dios a nuestro favor (Zacarías 14:21). En ello radica gran parte del problema en el creyente al ignorar al Espíritu Santo, el error de aislarlo de nuestra vida cotidiana, sacándolo de nuestras profesiones, negocios, matrimonios, familias, y aún de hobbies y tiempos de descanso, relegándolo únicamente, en el mejor de los casos, a una oración diaria o que respalde nuestra obra ministerial, perdiéndose tristemente de toda la potencia de bendición que tiene para todos, en todos nuestros ambientes de vida.

En este libro el lector comprobará que el contenido de cada capítulo evidencia una consciente ocupación de su autora en ir a profundidades bíblicas y experienciales desarrollando un estudio sistemático en cuanto a lo que la Biblia enseña sobre la persona y operaciones del Espíritu Santo, apoyándose en las diferentes versiones de traducción escritural para generar un amplio contexto. Ayudará a deshacer la ignorancia y falsos conceptos que reinan en algunos círculos cristianos respecto a esta persona de la Trinidad. Agradezco a Dios por la llegada de esta obra literaria como una respuesta tan contundente de la autora ante interrogantes que a diario recibe por parte de sus millones de seguidores. Abre espacio en el espectro del conocimiento respecto al ministerio y acciones del Espíritu Santo en estos tiempos, constituyéndose en un material autorizado de consulta. En esta obra el lector contará con un recorrido bíblico y conceptual acerca del Espíritu Santo, para conocer quién es, su acción como guía, su operación como intercesor, su relevancia como sello de las arras del Cielo para los que en Cristo hemos creído como nuestro Salvador, y lo vital que le resultará al lector para conocer y esclarecer conceptos y experiencias. Sin duda, el Espíritu Santo respaldará cada frase, cada página, cada capítulo de este libro, que surge desde la verdad bíblica a través de las vivencias de una mujer que por años le sirve a Dios, con evidencias palpables sobre lo que es conocimiento puesto por obra.

Finalmente, compruebo una vez más que el Espíritu Santo uno es, y ministra en sus siervos el principio real de la unidad espiritual, colocando en nuestros corazones un mismo sentir para sus fines únicos y eternos. Tener el privilegio de participar de esta joya literaria es para mí una poderosa respuesta adicional ante lo que, en el último año, el Espíritu Santo ha movido mi espíritu para profundizar en la relación y la urgente necesidad que la iglesia del Señor tiene del Espíritu en estos tiempos finales. Desde estas letras reafirmo mi oración para que cada lector durante el recorrido de este libro, y posterior a ello, logre tener vivencias directas y poderosas con el Espíritu, es Su interés y sé que no serán pocos los testimonios de lo que Él hará en el ser de cada lector. Te invito a que te unas a esta verdad que Dios le dio al apóstol Pablo: "Si vivimos por el Espíritu, andemos también por el Espíritu". (Gálatas 5:25 RVR60). Sé lleno y recibe poder por el Espíritu Santo de Dios. Bendiciones por siempre.

Ing. David Reyes Castro.

Pastor Principal – Iglesia Boston Central Barranquilla, Colombia.

DEDICATORIA

A mi amado y dulce compañero el Espíritu Santo, Quien escudriña los secretos más profundos del corazón de Dios y habita dentro de mí, para ayudarme a cumplir con el propósito para el que fui provista de vida; quien me ciñe de fuerza y de poder para hacer lo que tengo que hacer; y nunca se aparta de mi lado porque su fidelidad nunca falla y es el mejor Aliado que jamás podamos llegar a tener.

AGRADECIMIENTOS

A mi esposo Joan Bonilla, mi compañero y gran apoyo, por estar siempre a mi lado y ser el gran soporte que es, en cada cosa que el Señor me permite hacer.

A mis hijos, Maiky y Andy, por la paciencia, el respaldo y la comprensión que siempre muestran a la asignación que Dios nos ha encomendado. ¡Gracias, tesoros de mi corazón, los amo!

A mi mano derecha y compañera fiel Ana Morillo, por su entrega, esfuerzo, dedicación y paciencia, siendo siempre parte importante no solo de cada libro escrito, sino también de cada aspecto de nuestras vidas.

A mi super esforzado y excelente equipo de trabajo, quienes en cada cosa que Dios pone en nuestras manos, se dedican con todo su corazón hasta lograr los resultados esperados.

Al Centro Cristiano Soplo de Vida (CCSV) el hermoso rebaño que el Señor me ha dado el honor de pastorear. Gracias por ser una congregación que ama y le cree a Dios, con todo el corazón. Es una honra para mí, ser la vasija que Dios ha escogido para guiarles. ¡Los amo muchísimo!

INTRODUCCIÓN

La persona más leal, entregada e íntima con la que podemos llegar a relacionarnos, es el Espíritu Santo. No hay absolutamente nadie que pueda ocupar su lugar; Él nos conoce desde antes que naciéramos y de no habernos creado, no habría forma de que existiéramos. A esto se refirió Job, cuando dijo: *"El espíritu de Dios me hizo, y el soplo del Omnipotente me dio vida"*. Job 33:4

En este pasaje, el término usado para "espíritu", es "ruak" y se traduce como "aliento de Dios", el mismo utilizado en el libro de Génesis, cuando dice que el Espíritu de Dios se movía sobre la faz de las aguas. (Ver Génesis 1:2). Afirmando que fuimos hechos por el mismo Espíritu que en el principio se movía sobre la faz de las aguas y participó con el Padre y el Hijo, en toda la obra de la Creación.

Dios es trino: Padre, Hijo y Espíritu Santo; nosotros somos tripartitos: cuerpo, alma y Espíritu. Tenemos un alma, vivimos dentro de un cuerpo y somos espíritu. Por tal razón, lo que no puede verse de nosotros, es más importante que lo que sí puede verse. El cuerpo que poseemos es solo el recipiente que porta la esencia de lo que somos. Por tanto, cuando vamos al funeral de una persona, lo que vemos en el féretro no es la persona, sino el cuerpo donde tal persona residía. Con referencia a esto el apóstol Pedro, dijo en una ocasión: *"Mientras yo tenga vida, es mi obligación animarlos y recordarles todo esto, pues sé que pronto tendré que **abandonar este cuerpo**, tal y como nuestro Señor Jesucristo me lo ha hecho saber"*. **2 Pedro 1:13-14 (RVA)**

Otra versión de este mismo pasaje, dice: *"pronto tendré que abandonar esta residencia tal como el Espíritu me lo ha hecho entender"*. En este mismo orden, con relación a la manifestación de Jesús en la tierra, la Biblia dice: *"Cuando Cristo vino al mundo, le dijo a Dios: No quisiste sacrificios de animales ni ofrendas por el pecado. Pero **me has dado un cuerpo para ofrecer"***. **Hebreos 10:5 (NTV)**

María fue usada por Dios por obra del Espíritu Santo, para dar a luz el cuerpo que contenía la esencia del unigénito Hijo de Dios enviado a la tierra a morir por todos nosotros. Tal como lo expresa el profeta Isaías, diciendo: *"Porque **un niño nos es nacido, un hijo nos es dado**, y el dominio estará sobre su hombro"*. **Isaías 9:6**

Observemos que dice: *"Un niño nos es nacido"* porque el niño fue formado en el vientre de María. Pero del hijo, dice: *"Un hijo nos es dado"* porque el Hijo, ya existía en el cielo cuando vino a ocupar el cuerpo que se le había provisto para dar cumplimiento al propósito que el Padre le había encomendado.

Por tanto, no solo somos un cuerpo; somos la idea de Dios depositada dentro de un cuerpo. No vinimos a la tierra porque quisimos; no escogimos el género, la familia, el lugar ni el tiempo en el que nacimos. Porque todo lo que somos, fue planeado por Dios de acuerdo al propósito para el cual fuimos creados.

Dios no repite diseños, por eso según el último censo realizado, la población mundial asciende a **8,200 millones de personas** entre las que no ha habido ni habrá alguien que sea exactamente igual a ti. Fuimos creados por Dios de forma única para llevar a cabo la asignación de vida para la cual Él nos hizo existir. Tal como Dios lo dijo por medio del profeta: *"Todos los llamados de mi nombre; para gloria mía los he creado, los formé y los hice"*. Isaías 43:7

Todos fuimos creados por Dios con la intencion de que nuestra existencia, le de gloria a Su Nombre. Pero nadie puede vivir del modo que Dios espera que lo haga, si no vive bajo el gobierno absoluto del Espíritu Santo. Porque… *"La naturaleza pecaminosa desea hacer el mal, que es precisamente lo contrario de lo que quiere el Espíritu. Y el Espíritu nos da deseos que se oponen a lo que desea la naturaleza pecaminosa. Estas dos fuerzas luchan constantemente entre sí, entonces ustedes no son libres para llevar a cabo sus buenas intenciones…"* **Gálatas 5:17 (NTV)**

Dios conoce nuestras limitaciones, por eso ha enviado Su Santo Espíritu a vivir en nuestros corazones. Sabe de todas nuestras batallas, por eso ha puesto dentro de nosotros al mismo Espíritu que resucitó de los muertos a Jesús, para que podamos ganarlas. Sin la ayuda del Espíritu, habrá situaciones que no seremos capaces de enfrentar, retos y desafíos que no podremos superar y un nivel de efectividad, autoridad y gloria que nunca llegaremos a revelar. Pero estando sujetos a la guia e instrucción del Espíritu Santo, somos impartidos de un nivel de fuerza, poder, gracia y sabiduría

que nos equipa para ser lo que Dios espera que seamos y nos permite ser dignos representantes de Él, sin importar el lugar en que
estemos ni las circunstancias que enfrentemos.

> *"Y nosotros no hemos recibido el espíritu del mundo, sino
> el Espíritu que proviene de Dios, para que sepamos lo que
> Dios nos ha concedido, lo cual también hablamos, no con
> palabras enseñadas por sabiduría humana, sino con las que
> enseña el Espíritu, acomodando lo espiritual a lo espiritual".*
>
> **1 Corintios 2:12 -13**

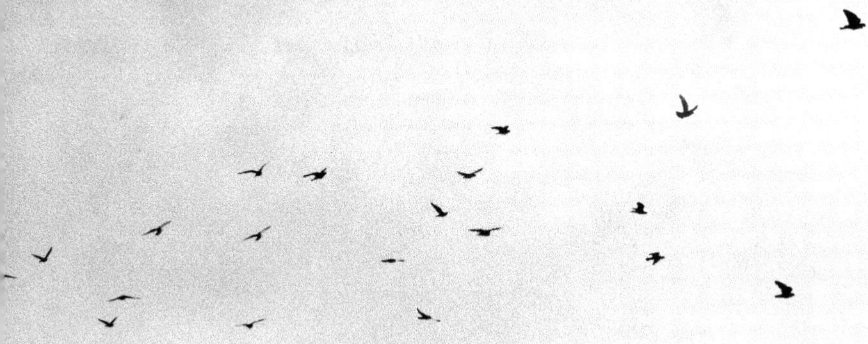

CAPÍTULO 1

¿QUIÉN ES EL ESPÍRITU SANTO?

Las decisiones que tomamos se basan

en nuestras *experiencias pasadas* y

en lo que podamos estar enfrentando

en el tiempo presente, pero como

el Espíritu Santo es Dios, conoce el

pasado, el presente y el *futuro*; y de

acuerdo con su conocimiento cabal

de los tiempos y de todas las cosas que

transcurren en ellos, nos guía hacia lo

que es *mejor* para nosotros conforme

a su infinita *sabiduría*.

H a sido la persona más ignorada, pero a la vez, la más fiel; tenemos una escasez terrible de comprensión acerca de su persona, pero Él conoce a profundidad cada fibra de nuestro ser; tiene mucho que enseñarnos, pero no todos buscamos anhelantemente poder aprender de Él; ha sido enviado a guiarnos, pero no todos tenemos como prioridad ser un vivo reflejo de Su instrucción y guía.

Es una persona real; tan real como tu padre o madre, como tu hijo o hija, como tu esposo o esposa, como tu hermano, amigo o cualquier otra persona con la que te relacionas; y no reconocer esta verdad, ha impedido que muchos experimenten la comunión y el compañerismo que Él desea tener con quienes han entregado su vida a Jesucristo. Esta persona es dulce, pero fuerte, es todopoderoso y a la vez muy sencillo, es amor pero al mismo tiempo es fuego consumidor y su nombre es el Espíritu Santo. La única persona, que puede traer a nuestro espíritu la revelación de la razón por la que vivimos y plasmar en nuestro ser, lo que necesitamos para poder llevarla a cabo.

> *"Antes bien, como está escrito: Cosas que ojo no vio, ni oído oyó, Ni han subido en corazón de hombre, Son las que Dios ha preparado para los que le aman. Pero Dios nos las reveló a nosotros por el Espíritu; porque el Espíritu todo lo escudriña, aún lo profundo de Dios".*
>
> **1 Corintios 2:9-10**

El término "reveló" utilizado en este pasaje, es "apokalýptō" y se traduce como: **quitar la cubierta, descubrir, manifestar y revelar lo venidero.**

De este significado surge el término Apocalipsis, nombre del último libro de la Biblia, también conocido como Libro de las Revelaciones, ya que todo lo que Juan escribió en él, fue un registro fiel de todo lo que Dios le reveló al "quitar la cubierta" y dejar expuesto todo lo que acontecería en tiempos venideros y hasta el final de los tiempos. En otras palabras, la revelación que el Espíritu Santo trajo al apóstol Juan fue tan abarcadora, profunda e ilimitada que pudo ver todo lo que acontecería desde el momento en que recibió la revelación hasta más allá del tiempo que le resta a la tierra por existir; desde la segunda venida del Señor Jesucristo a la tierra, hasta la manifestación de los cielos nuevos y tierra nueva donde viviremos con Él por toda la eternidad.

> *"Vi un cielo nuevo y una tierra nueva; porque el primer cielo y la primera tierra pasaron, y el mar ya no existía más. Y yo Juan vi la santa ciudad, la nueva Jerusalén, descender del cielo, de Dios, dispuesta como una esposa ataviada para su marido. Y oí una gran voz del cielo que decía: He aquí el tabernáculo de Dios con los hombres, y él morará con ellos; y ellos serán su pueblo, y Dios mismo estará con ellos como su Dios. Enjugará Dios toda lágrima de los ojos de ellos; y ya no habrá muerte, ni habrá más llanto, ni clamor, ni dolor; porque las primeras cosas pasaron".*
>
> **Apocalipsis 21:1-4**

Juan estaba desterrado en una isla llamada Patmos, donde fue enviado como castigo del imperio romano por no negar su fe en Jesús. Pero el Espíritu Santo utilizó su estadía allá, para revelarle cosas poderosas.

De igual manera, el Espíritu Santo, fue enviado a nosotros, para "quitar la cubierta" que nos impide ver lo que ya es, pero no lo apreciamos; lo que fue puesto delante de nosotros, pero no lo observamos; lo que tiene apariencia de piedad, pero está lleno de maldad; lo que parece ser un problema, pero es una gran bendición cuya envoltura no es de nuestro agrado.

"El Espíritu Santo es la única persona, que puede traer a nuestro espíritu la revelación de la razón por la que vivimos"

Solo cuando nuestros ojos espirituales son abiertos podemos apreciar claramente lo que Dios quiere que veamos. Por eso le pido a Dios que revele a tu corazón todo lo que hay en Su corazón para ti y te muestre la agenda escrita que tiene contigo, para que ya no solo digas: "Yo sé que Dios tiene cosas grandes para mi vida" si no que sepas de forma precisa cuáles son esas cosas y de forma inequívoca puedas dirigirte hacia ellas.

Pido al Señor que Su Espíritu te guíe para que sepas cuándo accionar y cuándo estar quieto, cuándo hablar y cuándo callar, cuándo ignorar y cuándo confrontar, cuándo insistir y cuándo desistir, cuándo salir y cuándo permanecer en un lugar, cuándo invertir y cuándo ahorrar, cuándo ayudar y cuándo abstenerte de ayudar; cuándo correr la milla extra y cuando no dejarte abusar, cuando permitir y cuándo prohibir, cuándo abrir y cuándo cerrar, cuándo actuar guiado por el amor y cuándo actuar guiado por la autoridad que ejerces para enfrentar una determinada situación.

"Porque el Espíritu todo lo escudriña, aún lo profundo de Dios".

1 Corintios 2:10

La forma como nos guía el Espíritu

No somos omnisapientes, solo Dios lo es. Nuestro conocimiento de las cosas es limitado, pero Dios conoce todas las cosas a profundidad.

Las decisiones que tomamos se basan en nuestras experiencias pasadas y en lo que podamos estar enfrentando en el tiempo presente, pero como el Espíritu Santo es Dios, conoce el pasado, el presente y el futuro; y de acuerdo con su conocimiento cabal de los tiempos y de todas las cosas que transcurren en ellos, nos guía hacia lo que es mejor para nosotros conforme a su infinita sabiduría. Él sabe lo que nos conviene porque sabe cómo todas las cosas han de tornarse en los años venideros, conoce exactamente quienes son las personas idóneas para relacionarnos porque examina a profundidad los corazones y puede ver lo que nosotros no vemos. Por tanto, no es lo mismo tomar decisiones guiados por nuestro propio parecer, que ser guiados constantemente por las instrucciones que el Espíritu Santo pone en nuestro ser. De hecho, los resultados de vida que tenemos, muestran exactamente quién nos ha estado guiando.

Nuestra vida es un claro reflejo de las voces que escuchamos. A tal punto que si una persona que va rumbo al desastre por causa de malas decisiones que ha tomado, comienza a escuchar a alguien que le edifica constantemente con instrucciones sabias y dirección inteligente, tal persona puede volver a levantarse. Pero si alguien a quien le está yendo muy bien, que es estable y por sus buenas decisiones tiene buenos resultados de vida, le presta oído a voces que contaminan su esencia y le llenan de confusión, tal persona será desviada y todo lo que ha edificado, también se verá afectado. Porque ya sea que lo aceptemos o no, somos la suma total de las voces que escuchamos. Así que ten mucho cuidado con la voz a la que estás prestando atención y no permitas que las malas influencias derriben todo lo que con esfuerzo has edificado hasta hoy. Porque todo el que tiene acceso a tu oído, también tiene acceso a ti.

"Nuestra vida es un claro reflejo
de las voces que escuchamos"

Un ejemplo palpable de esto es el idioma que hablamos, el cual no tuvimos que estudiar para poder comunicar, porque estuvimos expuestos a quienes lo hablaban mientras crecíamos y por escucharlos a ellos constantemente, comenzamos a expresar nuestras ideas y pensamientos en ese mismo lenguaje, hasta que por mantenernos escuchándolos, nosotros también pudimos hablarlo.

No importa si el idioma que hablamos es español, inglés, portugués o mandarín, tuvimos que escucharlo antes de poder hablarlo; porque de lo contrario, no hubiésemos podido comunicarlo.

Por esto, a la persona que nace sin poder escuchar, también se le imposibilita poder hablar; porque si no puede escuchar, no tiene registros para poder comunicar. Pero toda persona (a menos que sea sordomuda) expresa sus ideas, sentimientos y emociones en el lenguaje que habla; y el lenguaje que habla, es al que ha sido expuesta. Es decir, el que ha escuchado de otros.

Dicho esto, te invito a que tomes un momento para considerar lo siguiente: ¿Qué tipo de lenguaje estás escuchando? ¿Cuál es el idioma que habla la gente que está alrededor tuyo y cómo ese idioma te está influenciando?

¿Cuánto tiempo pasas escuchando a la única persona que puede guiarte de forma perfecta y sin extravíos hacia el propósito que Dios tiene contigo? ¿Qué tan abierto estás a dejarte guiar por la instrucción del Espíritu Santo?

Si nuestra vida no está guiada por el propósito del Señor, estaremos perdidos y no tendremos forma de saber si estamos haciendo las cosas mal o si las estamos haciendo bien. Dependeremos de la aprobación de otros para sentirnos afirmados porque no tendremos dirección basada en nuestro propósito. Pero cuando el Señor nos dirige por medio de su Palabra y el consejo del Espíritu Santo, sin importar quien nos desapruebe, caminamos seguros, avanzamos sin miedo y no nos dejamos mover por nada ni nadie que nos intente distraer.

Para poder percibir la voz del Espíritu y comprender las instrucciones que Él espera que sigamos ante las diversas situaciones que enfrentamos, necesitamos callar las voces externas que intentan desviarnos de lo que el Espíritu Santo nos está indicando. En este punto, es importante aclarar que esas voces no siempre vienen de personas mal intencionadas, a veces vienen de quienes, aunque quieren ayudarnos, no tienen referencia celestial sobre el propósito de Dios para nosotros, por tanto, no tienen la sabiduría ni la revelación necesaria para poder orientarnos.

> *"Pero nosotros no hemos recibido el espíritu del mundo, sino el Espíritu que viene de Dios, para que entendamos las cosas que Dios en su bondad nos ha dado".*
>
> **1 Corintios 2:12 (DHH)**

Observemos que este texto dice claramente que nosotros hemos recibido el Espíritu de Dios, no para que entendamos las cosas que Dios nos va a dar sino las que ya nos ha dado. Y eso es lo que debemos saber y hacia eso nos debemos mover para que, habiéndonos sido otorgadas las cosas que Dios en su bondad nos ha dado, no estemos persiguiendo lo que no es para nosotros ni desperdiciando nuestra vida en lo que no es parte de nuestro propósito.

Por lo que cada día debemos orar diciendo: *"Espíritu Santo, por favor revélame cuáles son las cosas que el Señor ya me ha dado y muéstrame qué es exactamente lo que debo hacer según la agenda que Él tiene para mi vida en este tiempo. Por favor no dejes que vaya por un camino distinto al que Dios me ha trazado, ni permitas que malgaste mi vida ni mis recursos en lo que Dios no me ha encomendado. No dejes que mis decisiones estén basadas en lo que es popular o en lo que la mayoría de las personas aprueban solo para poder sentirme valorado. Yo quiero tu aprobación aunque esto signifique no ser aprobado por quienes están a mi alrededor. Espíritu Santo, por favor rueda el velo y revélame lo que Dios en su bondad me ha otorgado y por favor apártame de lo que, aunque me gusta o me atrae, no forma parte de la asignación que el Padre me ha encomendado".*

La revelación que trae a nosotros la persona del Espíritu Santo

Muchos cristianos tienen muchos años sirviendo al Señor, pero aún no saben cómo tener una relación profunda con el Espíritu Santo. Por tanto, pese a tener una herencia maravillosa en Dios, no pueden disfrutarla porque no han aprendido a escuchar a Quien fue enviado para revelárnosla. A esto hizo referencia Jesús, cuando dijo a los discípulos:

> *"Me queda aún mucho más que quisiera decirles, pero en este momento no pueden soportarlo. Cuando venga el Espíritu de verdad, él los guiará a toda la verdad. Él no hablará por su propia cuenta, sino que les dirá lo que ha oído y les contará lo que sucederá en el futuro".*
>
> **Juan 16:12-13 (NTV)**

Es por esto que una gran parte de cristianos a pesar de tener mucho tiempo en la iglesia, sienten que no avanzan, envidian lo que otros tienen, pelean por ser reconocidos, se frustran cuando tratan de ser lo que no llegan a ser y aunque logren ciertas cosas con mucho esfuerzo y estragos, no sienten la plenitud de la satisfacción interna que solo se recibe cuando vivimos acorde al propósito para el que Dios nos ha creado.

La revelación del Espíritu nos hace entender y nos hace ver lo que tenemos que ver. Pero sin su revelación, aunque nuestra vista humana sea perfecta, en términos espirituales, estaremos ciegos.

La Biblia dice que los hermanos de José, teniéndole de frente y escuchándole hablar con ellos, pensaban que hablaban con otra persona y que su hermano estaba muerto, hasta que José les reveló quién era (ver **Génesis 45:3**). De igual manera, podemos estar frente a lo mejor de nuestras vidas, y no apreciarlo porque carecemos de revelación para poder identificarlo. Pero cuando el Señor quita la venda de nuestros ojos, nos sentimos seguros y por causa de Su dirección, desaparece la duda, se va el miedo, se quebranta la confusión y comenzamos a hablar de acuerdo a Su revelación.

"Hablamos de estas cosas con palabras que el Espíritu de Dios nos ha enseñado, y no con palabras que hayamos aprendido por nuestra propia sabiduría. Así explicamos las cosas espirituales con términos espirituales".

1 Corintios 2:13 (DHH)

La revelación que el Espíritu Santo nos da, se recibe por el espíritu y no por los sentidos. Por esto, cuando el Señor nos habla, no podemos tratar de comprender lo que Él nos dice usando nuestros sentidos porque en nuestra naturaleza humana, estas cosas simplemente no encajan.

"El que no es espiritual no acepta las cosas que son del Espíritu de Dios, porque para él son tonterías. Y tampoco

las puede entender, porque son cosas que tienen que juzgarse
espiritualmente".

1 Corintios 2:14 (DHH)

Si estamos rodeados de personas que no conocen de Dios, no podemos esperar que comprendan las instrucciones del Señor. Si estamos rodeados de personas que, aunque son creyentes, no tienen
una revelación clara del modo como el Espíritu Santo nos direc-
ciona, tampoco comprenderán lo que recibimos por la revelación
que trae a nosotros el Espíritu.

"La revelación del Espíritu nos hace entender
y nos hace ver lo que tenemos que ver"

En otras palabras, lo que hemos recibido de Dios, no ha sido revelado a nuestros sentidos sino a nuestro espíritu, por eso a quienes son guiados solo por sus sentidos, no les hace sentido lo que
decimos que Dios nos dijo. La conexión profunda con el Espíritu,
no viene por los sentidos naturales sino por el sentido espiritual.
Así que recuérdalo, si ya recibiste al Señor en tu corazón, tienes
al Espíritu Santo de Dios viviendo dentro de ti y solo necesitas
dedicarte a conocerlo mediante el estudio de la Palabra y pasar
tiempo con Él en oración. Una de las cosas que más me han ayu-
dado en este sentido, es estudiar en diversas ocasiones todo lo
que la Biblia habla de la Persona del Espíritu Santo, he dedicado
meses estudiando su personalidad, su carácter, su mover, su manifestación, su ministerio, su forma de relacionarse, luego hablo
con Él en oración sobre la forma como cada cosa que he leído,

me hace amarlo, admirarlo y desearlo mucho más; y cada vez que hago esto, siento que avanzo un poco más en la profundidad del océano de su personalidad.

Todos los hijos de Dios, necesitamos profundizar cada día en nuestra relación con el Espíritu Santo para que nuestros sentidos espirituales puedan ejercitarse.

Lo que para poder comprender mejor, te invito a pensar en alguien que va al gimnasio, cuyos músculos se han desarrollado y se ha hecho tan fuerte que sus prácticas son completamente evidentes; ahora piensa en alguien que no se ejercita y su apariencia es contraria a la de la primera persona en la que pensaste... ¿Lo hiciste? Si es así, hay algo importante que debes saber, y es que ambas personas tienen exactamente los mismos músculos en su contextura física; la única diferencia es, que uno los ha desarrollado y el otro no.

De igual manera, todos los hijos de Dios tienen al Espíritu Santo, pero no todos han aprendido a tener una conexión profunda con Él, para saber qué cosas deben y no deben hacer. A esto hizo referencia el autor del libro de Hebreos, al decir:

> *"El alimento sólido es para los que ya han alcanzado la madurez, para los que pueden discernir entre el bien y el mal, y han ejercitado su capacidad de tomar decisiones".*
> **Hebreos 5:14 (RVC)**

El término "ejercitar" utilizado en este pasaje es "gymnazo" y significa "ejercitar, habituar", de este mismo término viene la palabra gimnasio. Por lo que, así como debemos tener el hábito de ejercitarnos para que se revelen nuestros músculos físicos, para que se fortalezca nuestro sentido espiritual, debemos hacer lo mismo.

Cuando tomamos tiempo para fortalecer nuestra relación con el Señor, ejercitando nuestro espíritu, nuestro sentido espiritual se fortalece y toda languidez espiritual se desvanece.

"En cambio, yo estoy lleno de fortaleza; estoy lleno del espíritu del SEÑOR y lleno de justicia y poder. Por eso puedo decirle a Jacob cuál es su rebelión, y a Israel cuáles son sus pecados".

Miqueas 3:8 (PDT)

PUNTOS A RECORDAR

1. No es lo mismo tomar decisiones guiados por nuestro propio parecer, que ser guiados constantemente por las instrucciones que el Espíritu Santo pone en nuestro ser.

2. Ten cuidado con la voz a la que estás prestando atención y no permitas que las malas influencias derriben todo lo que con esfuerzo has edificado hasta hoy.

3. Cuando Dios nos dirige por medio de su Palabra y el consejo del Espíritu Santo, caminamos seguros y no nos dejamos mover por nada ni nadie que nos intente distraer.

4. Para poder percibir la voz del Espíritu y comprender las instrucciones que Él espera que sigamos, necesitamos callar las voces externas que intentan desviarnos.

5. Cuando el Señor quita la venda de nuestros ojos, nos sentimos seguros y por causa de Su dirección, desaparece la duda, se va el miedo y se quebranta la confusión.

6. No podemos tratar de comprender lo que el Señor nos dice, usando nuestros sentidos porque en nuestra naturaleza humana, estas cosas simplemente no encajan.

7. A quienes son guiados solo por sus sentidos, no les hace sentido lo que decimos que Dios nos dijo.

CAPÍTULO 2

CÓMO SER GUIADOS POR EL ESPÍRITU SANTO

Poner al Señor como el fundamento de *nuestras vidas*, es hacer que todo lo que somos y todo lo que hacemos sea concordante con Su Palabra y refleje siempre Su *deseo* para nosotros, para que sin importar las *adversidades* que tengamos que enfrentar, nada ni nadie nos pueda *derribar*.

Las personas idóneas para que Dios haga que su voluntad se cumpla aquí en la tierra, son las que viven para su gloria y se dejan guiar por su voluntad, expresada a nosotros por medio de Su palabra y por la dirección y guía que el Espíritu Santo nos da.

La Palabra de Dios nos enseña que Jesús, está sentado a la diestra del Padre intercediendo por cada uno de nosotros (Ver Romanos 8:34) pero Jesús, también dijo que estaría siempre con cada uno de nosotros.

Pero, ¿qué significa el hecho de dejarnos direccionar y guiar por el Espíritu Santo de Dios?

Según el diccionario, el término "direccionar" se define como: indicar el camino o mostrar la dirección por la que se debe transitar. Mientras que "guiar" se define como: ir junto o delante de una persona para encaminarla, encausarla y orientarla en el camino que debe transitar. Por tanto, la dirección se enfoca en el final; la guianza se enfoca en el proceso de llegar. En este sentido, Jesús es el Camino y el Espíritu Santo es Quien nos dirige hacia Él y nos acompaña hasta llegar al final.

Conocer cuál es el camino que debemos tomar, es saber hacia donde debemos direccionarnos, pero tener una guía, es contar con la ayuda que necesitamos para caminar en esa dirección. Un gran ejemplo de esto, lo tenemos en las personas que saben que comer de forma sana y equilibrada, puede favorecerles en todos los aspectos de sus vidas, es decir conocen el "camino" para estar saludables y sanos, pero para poder transitarlo, necesitan la dirección y guía de alguien debidamente capacitado que les haga un plan alimenticio basado en su necesidad particular; y que además monitoree su avance hasta llegar al "destino", que es lograr tener un buen estado físico. Por lo que, aunque conocer el camino es lo más importante, tener la debida instrucción y guía para llegar al destino, es determinante.

En ese mismo orden, muchas personas saben lo que Dios les ha dicho que deben hacer, pero no exactamente saben la forma cómo lo deben llevar a cabo. Por ejemplo, muchas personas saben lo que el Señor les ha prometido. A algunos les ha dicho que van a trabajar con niños necesitados, que les usará como puente para que muchas personas lleguen a Él, qué serán sustentadores financieros de obras o de iglesias, que tendrán una fundación, un colegio, un ministerio o cualquier otro proyecto que colabore en el avance de su Reino en la tierra; o que viajarán por el mundo, haciendo algún tipo de trabajo que estén capacitados para poder realizar. Pero aunque saben que Dios les ha hablado, desconocen el modo y el tiempo en que tales promesas han de manifestarse. De hecho, por no saberlo a veces se adelantan al tiempo del cumplimiento y otras veces se atrasan y no perciben que la hora de accionar les ha llegado porque, aunque tienen la promesa, no han aprendido a dejarse guiar por el Espíritu Santo.

> *"Pero cuando venga el Espíritu de verdad, él os guiará a toda la verdad".*
>
> **Juan 16:13**

Muchas de las situaciones adversas que enfrentamos, son producto de acciones que hemos llevado a cabo sin la dirección del Espíritu Santo. De hecho, hay ocasiones en que la dirección del Espíritu

Santo, ha sido el factor determinante entre la vida y la muerte de una persona, la edificación o la destrucción de un proyecto, el avance o el estancamiento de un ministerio, la honra o la deshonra de una familia, y hasta de la estabilidad o destrucción de toda una nación. Porque como seres humanos, somos propensos a actuar siendo guiados por sentimientos, no por consejo; por el instinto y no por el entendimiento. Con relación a esto, la Biblia claramente expresa:

> *"Hay camino que al hombre le parece derecho; Pero su fin es camino de muerte".*
>
> **Proverbios 14:12**

Observemos que este pasaje aclara que, aunque el camino parece derecho, no lo es. Pero a pesar de ser torcido, muchos han transitado constantemente por él, derrochando años que no pueden volver a recuperar. Sin embargo, cuando es cambiada la mentalidad, los años perdidos pueden dar conciencia al "caminante" para no malgastar en caminos torcidos, los años que le queden por delante. Nuestro tiempo en la tierra es limitado, por lo que no debería ser derrochado caminando por senderos equivocados.

"La dirección se enfoca en el final;
la guianza se enfoca en el proceso de llegar"

Para cada cosa que vayas a hacer, busca la dirección del Espíritu Santo porque Él ve mucho más de lo que tú puedes ver; sabe todo lo que no sabes y te llevará al destino, que solo podrás llegar con la ayuda, la dirección y guía de Él.

41

No intentes reformular la fórmula

La fórmula para el éxito de toda la creación, está en su Creador y Sustentador. El libro de Génesis, es el primero de toda la Biblia y en el primer versículo, del primer capítulo, de este primer libro, lo primero que se nos dice en este, que es el manual de vida de toda la humanidad, es: *"En el principio creó Dios"*, dejando claramente establecido que Dios fue la base y el fundamento de todo lo que Él mismo creó, y por tener como fundamento a Dios, nadie ha podido ni podrá jamás remover los cimientos de la creación. Así que aprendamos de esto; y siempre que vayamos a hacer algo, no solo usemos la tan popular frase "lo voy a hacer si Dios quiere" para luego hacer lo que queremos, sin saber si eso es o no, la voluntad del Señor.

"Nuestro tiempo en la tierra es limitado,
por lo que no debería ser derrochado
caminando por senderos equivocados"

Poner a Dios como el fundamento de todo lo que hacemos, es hacer todo conforme a su voluntad y dejar que Él guíe cada uno de los pasos de nuestro avance. Así que no solo se trata de decir: "lo haré con la ayuda de Dios o pongo a Dios delante de esto" porque Dios no participa en las cosas que hacemos fuera de Su voluntad.

Poner al Señor como el fundamento de nuestras vidas, es hacer que todo lo que somos y todo lo que hacemos sea concordante con Su Palabra y refleje siempre Su deseo para nosotros, para que sin importar las adversidades que tengamos que enfrentar, nada ni nadie nos pueda derribar.

"A cualquiera que me oye estas palabras, y las pone en práctica, lo compararé a un hombre prudente, que edificó su casa sobre la roca. Cayó la lluvia, vinieron los ríos, y soplaron los vientos, y azotaron aquella casa, pero ésta no se vino abajo, porque estaba fundada sobre la roca. Por otro lado, a cualquiera que me oye estas palabras y no las pone en práctica, lo compararé a un hombre insensato, que edificó su casa sobre la arena. Cayó la lluvia, vinieron los ríos, y soplaron los vientos, y azotaron aquella casa, y ésta se vino abajo, y su ruina fue estrepitosa".

Mateo 7:24-27 (RVC)

La fórmula de la sostenibilidad y el verdadero éxito de tu vida, tu matrimonio, tus hijos, tu ministerio, tu empresa o cualquiera que sea tu proyecto, es la misma utilizada para el rodaje de toda la creación, "en el principio creó Dios". Así que no pongas como tu fundamento la inteligencia que tienes porque puede fallarte; no pongas tus conexiones, porque a veces, cuando más las necesites puede que no estén ahí para ayudarte; no pongas el dinero que tienes, porque un día puede que se gaste; no pongas una relación sentimental, porque esa persona un día puede abandonarte.

Disfruta lo que Dios te ha dado, pero no otorgues a nadie el lugar que solo por Él, debe ser ocupado. Recuérdalo, Dios es el único fundamento seguro en el que nos podemos sostener y poner a Dios como fundamento significa, hacer todo lo que vayamos a hacer no conforme a nuestra voluntad sino conforme a la voluntad de Él; obedeciendo siempre su Palabra, aun cuando nuestros deseos y sentimientos nos quieran hacer desobedecer.

"Disfruta lo que Dios te ha dado,
pero no otorgues a nadie el lugar
que solo por Él, debe ser ocupado"

Lee la Palabra de Dios, aprende cada día los valiosos principios que se encuentran en ella; cuando tengas que tomar alguna decisión consúltala verificando lo que dice acerca de esa determinada situación y aunque a veces sentirás que la situación que enfrentas es muy específica para tu situación particular, pide al Espíritu que te oriente y te haga entender lo que debes entender, pero lee la Biblia. Por más que la hayas leído, no pienses que ya sabes lo suficiente, no dejes que tus sentidos te engañen; vuelve a leerla y estúdiala una y otra vez, porque a nadie jamás se le ha revelado la profundidad total de todos los tesoros que en ella se encuentran guardados. Por eso el salmista dijo: *"Dios mío, enséñame a cumplir tus mandamientos, pues obedecerlos me hace feliz; ¡los cumpliré toda mi vida! Aclara mi entendimiento, y los seguiré de todo corazón"*. **Salmos 119:33 (TLA)**

Obedecer las instrucciones del Señor, nos autoriza para ser usados en lo que Él desea que hagamos

"Mientras estaban juntos, les mandó que no se fueran de Jerusalén, sino que les dijo: «Esperen la promesa del Padre, la cual ustedes oyeron de mí. Como saben, Juan bautizó con

agua, pero dentro de algunos días ustedes serán bautizados con el Espíritu Santo. ...Entonces los apóstoles volvieron a Jerusalén desde el monte del Olivar, que dista de Jerusalén poco más de un kilómetro. Cuando llegaron a Jerusalén, subieron al aposento alto, donde se hallaban Pedro, Jacobo, Juan, Andrés, Felipe, Tomás, Bartolomé, Mateo, Jacobo hijo de Alfeo, Simón el Zelote y Judas, el hermano de Jacobo. Todos ellos oraban y rogaban a Dios continuamente, en unión de las mujeres, de María la madre de Jesús, y de sus hermanos".

Hechos 1:4-5,12-14, (RVC)

Al momento de su partida de la tierra, Jesús ordenó a sus discípulos que no salieran de Jerusalén hasta que no fueran investidos del poder del Espíritu Santo, para que estuvieran completamente equipados para la realización de la obra que Él les había encomendado.

"Cuando venga sobre ustedes el Espíritu Santo recibirán poder, y serán mis testigos en Jerusalén, en Judea, en Samaria, y hasta lo último de la tierra".

Hechos 1:8 (RVC)

Jesús les dijo que el Espíritu Santo vendría, pero no les dijo cuándo llegaría, así que pudieron pensar que vendría la misma tarde que Jesús ascendió al cielo o después de tres o cuatro días de eso. Pero tuvieron que esperar diez días, hasta el día en que se celebraba la fiesta de Pentecostés.

"Cuando llegó el día de Pentecostés, todos ellos estaban juntos y en el mismo lugar. De repente, un estruendo como de un fuerte viento vino del cielo, y sopló y llenó toda la casa donde se encontraban. Entonces aparecieron unas lenguas como de fuego, que se repartieron y fueron a posarse sobre cada uno de ellos".

Hechos 2:1-3 (RVC)

Todas las promesas de Dios, tienen un día señalado por Él, para la manifestación de su cumplimiento. ¡Y qué bueno es poder confiar y esperar en Él con paciencia hasta que llega ese momento!

Pero así como no podemos experimentar la llenura de Dios, hasta que no estemos dispuestos a dejar que Él nos vacíe de nosotros por completo, no podemos tener confianza y paciencia para esperar en sus promesas, si no hemos aprendido a rendir lo que somos a Él; tal como lo hicieron los discípulos, quienes por causa de obedecer y esperar con paciencia, recibieron la promesa que el Señor les había hecho, pero que de haberse desesperado, los tres años de preparación intensa que Jesús mismo les impartió, hubiesen sido desperdiciados. Sin embargo, ellos no se desesperaron, se mantuvieron y permanecieron en el lugar y con la actitud que el Señor les había mandado a esperar; y así lo hicieron durante diez días, que pudieron haber sido muchos más, de haber sido necesario. Porque estaban dispuestos a obedecer de forma exacta la instrucción que les había dado el Señor.

Y tú, ¿qué tan dispuesto estás a permanecer esperando en lo que Dios ha dicho que hará?

*"Dios mío, cumplir tu voluntad es mi más grande alegría;
¡tus enseñanzas las llevo muy dentro de mí!"*

Salmos 40:8 (TLA)

PUNTOS A RECORDAR

1. Conocer cuál es el camino que debemos tomar, es saber hacia donde debemos direccionarnos, pero tener una guía, es contar con la ayuda que necesitamos para caminar en esa dirección.

2. Aunque conocer el camino es lo más importante, tener la debida instrucción y guía para llegar al destino, es determinante.

3. Muchas de las situaciones adversas que enfrentamos, son producto de acciones que hemos llevado a cabo sin la dirección del Espíritu Santo.

4. Para cada cosa que vayas a hacer, busca la dirección del Espíritu, porque Él ve mucho más allá de lo que tú ves y te llevará al destino, que solo podrás llegar con la dirección y guía de Él.

5. Dios fue la base y el fundamento de todo lo que Él mismo creó, y por tener como fundamento a Dios, nadie ha podido ni podrá jamás remover los cimientos de la creación.

6. Poner a Dios como fundamento significa, hacer todo lo que vayamos a hacer no conforme a nuestra voluntad sino conforme a la voluntad de Él.

7. No podemos tener confianza y paciencia para esperar en las promesas del Señor, si no hemos aprendido a rendir lo que somos a Él.

CAPÍTULO 3

EL AGENTE Y
REPRESENTANTE ACTIVO
EN TODA LA TIERRA

Todos los hombres que sirvieron a Dios *efectivamente* en el Antiguo Testamento, lo hicieron por el *respaldo*, el poder y la *inspiración* del Espíritu Santo. Y si ellos fueron incapaces de hacerlo sin Él, es importante que recordemos que nosotros lo *necesitamos* también.

"Cuando venga el Espíritu de verdad... Él me glorificará, porque tomará de lo mío y se lo hará saber. Todo lo que tiene el Padre es mío; por eso dije que tomará de lo mío, y se lo dará a conocer a ustedes".

Juan 16:13,15 (RVC)

En el idioma griego, hay tres géneros para hacer indicaciones y son: masculino, femenino y neutro; el pronombre apropiado para cada uno, está indicado por el género. "Él" para el masculino, "ella" para el femenino y "ello" para el neutro. La palabra "espíritu" en griego es "neuma" y su género es neutro. De manera que si al hablar con sus discípulos, Jesús hubiese hecho referencia al espíritu como esencia y no como persona, el pronombre gramaticalmente correcto hubiese sido "ello". Pero Jesús dijo "Él" los guiará a toda verdad, dejando claramente establecido que el Espíritu Santo no es una esencia, es una persona.

Dios es uno, pero a su vez está conformado por tres personas que son el Padre, el Hijo y el Espíritu Santo. El Padre está en los cielos, la presencia personal de Jesús también está en los cielos, sentado a la derecha del trono del Padre, pero el Espíritu Santo está en la tierra; y mientras esta dispensación presente continúe, seguirá estando a cargo de representar la Trinidad residente en toda la tierra. La omnisciencia y omnipresencia de Dios, se manifiesta por medio de Su Santo Espíritu.

No hay forma de relacionarnos profundamente con el Espíritu Santo, si no aprendemos a conocerlo y honrarlo como la Persona que es.

Que Dios es omnisciente, significa que lo sabe todo; que es omnipresente, significa que está en todas partes a la misma vez. Dicho de otro modo, por medio del Espíritu Santo, Dios lo sabe todo y no hay nada que esté escondido de Él; por medio del Espíritu Santo, Dios está presente en todas partes al mismo tiempo. Esta poderosa verdad es revelada en varios pasajes de las Sagradas Escrituras, como los que vemos a continuación:

> "¿Se ocultará alguno, dice Jehová, en escondrijos que yo no lo vea? ¿No lleno yo, dice Jehová, el cielo y la tierra?".
>
> **Jeremías 23:24**

> "Tu presencia me envuelve por completo; la palma de tu mano reposa sobre mí. Saber esto rebasa mi entendimiento; ¡es tan sublime que no alcanzo a comprenderlo! ¿Dónde puedo esconderme de tu espíritu? ¿Cómo podría huir de tu presencia? Si subiera yo a los cielos, allí estás tú; si me tendiera en el sepulcro, también estás allí. Si levantara el vuelo hacia el sol naciente, o si habitara en los confines del mar, aun allí tu mano me sostendría; ¡tu mano derecha no me soltaría! Si quisiera esconderme en las tinieblas, y que se hiciera noche la luz que me rodea, ¡ni las tinieblas me esconderían de ti, pues para ti la noche es como el día! ¡Para ti son lo mismo las tinieblas y la luz!".
>
> **Salmos 139:5-12 (RVC)**

¡Qué revelación más hermosa de la grandeza y la sabiduría de Dios! La presencia de Dios llena todo el universo y no hay lugar en que podamos escondernos ni rincón en toda la tierra por más oculto que sea, en el que podamos perdernos de Su vista.

Dios conoce lo que sucede en todas partes y todas las cosas están desnudas y abiertas delante de Él. Es por esto que el salmista dijo: ¿Dónde puedo esconderme de tu espíritu? ¿Cómo podría huir de tu presencia?

Por medio del Espíritu Santo, Dios tiene pleno y absoluto conocimiento de todo lo que sucede en todo el universo al mismo tiempo; y desde la creación misma, el Espíritu Santo ha estado presente en todas y cada una de las obras de Dios.

> *"Por la palabra de Jehová fueron hechos los cielos; y todas las huestes de ellos, por el aliento de su boca".*
>
> **Salmos 33:6**

El término "aliento" utilizado en este pasaje, en la traducción original es "Espíritu" así que por la Palabra del Señor fueron hechos los cielos; y todo su ejército, por el Espíritu de su boca. En otras palabras, los dos grandes agentes de la creación que dieron existencia a todo el universo fueron la Palabra y el Espíritu del Señor, que es el Espíritu Santo. Lo que podemos observar con mayor detalle, si leemos los versículos de la Biblia que describen la obra de la creación:

> *"Y la tierra estaba desordenada y vacía, y las tinieblas estaban sobre la faz del abismo, y el Espíritu de Dios se movía sobre la faz de las aguas. Y dijo Dios: Sea la luz; y fue la luz".*
>
> **Génesis 1:2-3**

Cuando los dos agentes en la creación: el Espíritu de Dios y la Palabra de Dios se unieron, se llevó a cabo la creación. El Espíritu de Dios se movía y la palabra se manifestó diciendo: "sea la luz" y fue la luz.

Así que el Espíritu Santo siempre ha estado presente en todas las partes del universo y en cierto sentido, es el Agente siempre activo de la divinidad.

Por otro lado, al leer el Antiguo Testamento vemos que el Espíritu Santo escogió, inspiró y capacitó a todos los hombres que Dios usó durante aquellos tiempos. Tal como podemos ver a continuación:

- *"Mira, yo he llamado por nombre a Bezaleel hijo de Uri, hijo de Hur, de la tribu de Judá; y lo he llenado del Espíritu de Dios, en sabiduría y en inteligencia, en ciencia y en todo arte".* **Éxodo 31:2-3**

Bezaleel, fue el primer diseñador que existió; y Dios mismo lo preparó para que ayudara a Moisés usando los dones y habilidades que le había dado para la construcción del Tabernáculo. Fue también el primer hombre en toda la Biblia de quien se dice que fue lleno del Espíritu de Dios; y como resultado tuvo la gran capacidad que tenía para realizar obras de arte; lo que en esencia, da un gran valor al arte.

- *Y Josué hijo de Nun fue lleno del espíritu de sabiduría, porque Moisés había puesto sus manos sobre él; y los hijos de Israel le obedecieron, e hicieron como Jehová mandó a Moisés".* **Deuteronomio 34:9**

Josué hijo de Num y sucesor de Moisés, fue el gran líder militar que conquistó la tierra prometida y la repartió al pueblo, según lo que a cada tribu le correspondía como herencia. Sus desafíos fueron bastos y los ataques que tuvo de diversas comunidades enemigas, fueron constantes y directos. Pero nunca se amedrentó, sino que tuvo éxito en su asignación porque fue lleno del Espíritu de Dios para poder cumplir como debía, con la tarea que le correspondía.

- *"Entonces el Espíritu de Jehová vino sobre Gedeón, y cuando este tocó el cuerno, los abiezeritas se reunieron con él; asimismo envió mensajeros a Aser, a Zabulón y a Neftalí, los cuales salieron a encontrarles".* **Jueces 6:34**

Gedeón, era un joven tímido e incapaz de hacer algo efectivo, pero cuando fue impactado por el Espíritu de Dios, su vida fue sacudida gloriosamente y se convirtió en un juez y libertador, equipado por el poder del Espíritu Santo, con gran valentía, arrojo y grandes dotes para liderar y gobernar.

- David, el gran rey y salmista de Israel, fue un hombre altamente valeroso para los propósitos de Dios, quien al llegar al final de su vida, pronunció las palabras siguientes:

"Estas son las palabras postreras de David. Dijo David hijo de Isaí, Dijo aquel varón que fue levantado en alto, El ungido del Dios de Jacob, El dulce cantor de Israel: El

Espíritu de Jehová ha hablado por mí, Y su palabra ha estado en mi lengua".

2 Samuel 23:1-2

Dejando claramente establecido que cada uno de los salmos que escribió, no surgieron de su intelecto sino de las palabras que el Espíritu Santo le reveló. Confirmando así lo dicho por el apóstol Pedro, en el Nuevo Testamento:

"Porque nunca la profecía fue traída por voluntad humana, sino que los santos hombres de Dios hablaron siendo inspirados por el Espíritu Santo".

2 Pedro 1:21

Es decir que en toda la Biblia, todo profeta que trajo un mensaje de Dios, nunca habló por su propia iniciativa, pensamiento, razonamiento ni entendimiento; sino que fue inspirado, movido y guiado por el Espíritu Santo, para plasmar cada palabra que escribió. Por tanto, el mensaje de ellos no era humano, sino revelado por el Señor.

"Dios conoce lo que sucede en
todas partes y todas las cosas están
desnudas y abiertas delante de Él"

Todos los hombres que sirvieron a Dios efectivamente en el Antiguo Testamento, lo hicieron por el respaldo, el poder y la inspiración del Espíritu Santo. Y si ellos fueron incapaces de hacerlo sin Él, es importante que recordemos que nosotros lo necesitamos también.

Así que demos al honorable representante de la Trinidad en la Tierra, el mismo honor que damos a la Primera Persona, que es el Padre y a la Segunda Persona, que es el Hijo. Porque toda la potencia, la autoridad, la supremacía, la gloria, la majestuosidad y el poder que tienen el Padre y el Hijo, también lo tiene el Espíritu Santo. A quien conocemos como la Tercera persona de la Trinidad, no porque tenga menos valor, sino porque fue el último en ser revelado a nosotros en las Sagradas Escrituras.

El Espíritu Santo es el único administrador de las riquezas de la Trinidad

Cuando Jesús dijo: *"Él"*, el Espíritu Santo, *"me glorificará porque tomará de lo mío y se lo hará saber"* siguió diciendo: *"Todo lo que tiene el Padre es mío; por eso dije que tomará de lo mío, y se lo dará a conocer a ustedes"*.

Jesús dice que todo lo que el Padre tiene, es también suyo. El Padre y el Hijo comparten la totalidad de su riqueza infinita, pero el que la revela y la interpreta, es el Espíritu Santo.

En otras palabras, nuestro Dios posee riquezas infinitas que van mucho más allá de todo lo que podríamos llegar a necesitar aquí y en la eternidad; y el Administrador de esas riquezas, es el Espíritu Santo. Por lo que para ser enriquecidos por las bendiciones del Señor, debemos procurar ser amigos del Administrador. Porque sin una buena relación con Él, podríamos tener derecho legal de la herencia, pero no llegar a disfrutarla como lo hacemos cuando tenemos comunión con Él.

"Como está escrito: «Cosas que ningún ojo vio, ni ningún oído escuchó, ni han penetrado en el corazón del hombre, son las que Dios ha preparado para los que lo aman.» Pero Dios nos las reveló a nosotros por medio del Espíritu, porque el Espíritu lo examina todo, aun las profundidades de Dios".

1 Corintios 2:9-10 (RVC)

Este pasaje, es una promesa fiel para todos los que creemos y confiamos en el Señor; en la que se nos asegura que Dios tiene bendiciones sobrenaturales para quienes le aman y le obedecen. Pero afirma que las cosas que Dios ha preparado para los que le aman, son invisibles a los ojos humanos y están más allá del mundo material. Por tanto, no pueden ser apreciadas con nuestros ojos físicos.

"Nuestro Dios posee riquezas infinitas que
van mucho más allá de todo lo que podríamos
llegar a necesitar aquí y en la eternidad"

La segunda parte del pasaje afirma que las cosas que Dios ha preparado para los que le aman son inaudibles para los oídos humanos. Por tanto, no las podemos escuchar con nuestros oídos naturales, pero por medio de nuestra comunión con el Espíritu Santo, tanto nuestros ojos como nuestros oídos espirituales, son abiertos.

El Espíritu Santo es el Único Ser total y absolutamente capaz de revelarnos a Dios y todo lo que tiene para nosotros. Porque Él es Dios, y es el Miembro de la Deidad que trata de forma directa y personal con el corazón y el espíritu del ser humano.

> *"Porque ¿quién de los hombres sabe las cosas del hombre, sino el espíritu del hombre que está en él? Así tampoco nadie conoció las cosas de Dios, sino el Espíritu de Dios. Y nosotros no hemos recibido el espíritu del mundo, sino el Espíritu que proviene de Dios, para que sepamos lo que Dios nos ha concedido, lo cual también hablamos, no con palabras enseñadas por sabiduría humana, sino con las que enseña el Espíritu, acomodando lo espiritual a lo espiritual".*
>
> 1 Corintios 2:11-13

Todo lo que el Espíritu Santo hace glorifica a Jesús

Jesús dijo: "Él me glorificará", lo cual significa que cuando no glorificamos a Jesús con lo que somos y en lo que hacemos, el Espíritu se retira de nosotros. Porque no se hace partícipe, ni imparte su gracia, su sabiduría, ni su poder en nadie ni en nada que no glorifique a Jesús. Mientras que donde el nombre de Jesús es honrado, la manifestación del Espíritu, fluye libremente para cumplir con aquello para lo que ha sido enviado.

En este orden, hay dos funciones esenciales que el Espíritu Santo ejecuta en la vida de todo el que desea vivir para la gloria de Dios. La primera es que por medio de Él, nacemos de nuevo y llegamos a ser miembros de la familia de Dios. Por eso Jesús, dijo a Nicodemo:

> *"«De cierto, de cierto te digo, que el que no nace de agua y del Espíritu, no puede entrar en el reino de Dios. Lo que nace de la carne, carne es; y lo que nace del Espíritu, espíritu es. No te maravilles de que te dije que es necesario que ustedes nazcan de nuevo. El viento sopla de donde quiere, y lo puedes oír; pero no sabes de dónde viene, ni a dónde va. Así es todo aquel que nace del Espíritu.»"*
>
> **Juan 3:5-8 (RVC)**

Observemos que Jesús dijo que es necesario nacer de nuevo, no es opcional, sino que es necesario. Dejando claramente establecido que solo cuando nacemos de nuevo, nos convertimos en hijos de Dios y no hay ninguna otra manera de lograrlo.

"Las cosas que Dios ha preparado para los que le aman son inaudibles para los oídos humanos"

Solo cuando el Espíritu Santo entra a nosotros por medio de nuestra fe en Jesús y en su Palabra, somos impartidos de la nueva vida que el Señor pagó con su sangre por amor a cada uno de nosotros; y esa vida, se revela en nosotros cuando nos convertimos en sus hijos.

Jesús dijo, que hay dos clases de nacimientos: *"lo que es nacido de la carne, carne es"* porque no puede ser otra cosa. Al llegar al mundo, nacimos en la carne como "hijos de Adán", no como hijos de Dios. Todos somos criaturas de Dios, pero solo por el nuevo nacimiento en el Espíritu, nos convertimos en hijos y miembros de Su familia. Por lo que en términos espirituales, solo existen dos familias en toda la tierra: la familia de Adán y la familia de Dios. De la familia de Adán venimos todos, pero cuando confesamos a Jesús con nuestra boca y creemos en Él con todo nuestro corazón, el Espíritu Santo hace que en nosotros se produzca un nuevo nacimiento.

> *"De modo que si alguno está en Cristo, nueva criatura es; las cosas viejas pasaron; he aquí todas son hechas nuevas".*
> **2 Corintios 5:17**

Cuando nacemos de nuevo por el Espíritu, somos como niños y aunque Dios quiere que seamos niños en malicia, no debemos permanecer siendo niños en madurez, sino que debemos crecer, hasta alcanzar el nivel de madurez que el Señor espera que mostremos. Pablo dijo:

> *"Cuando yo era niño, hablaba, pensaba y razonaba como un niño; pero cuando crecí, dejé atrás las cosas de niño".*
> **1 Corintios 13:11 (NTV)**

Así como dependemos del Espíritu Santo para nacer de nuevo, también dependemos de Él para poder crecer, ya que por la instrucción de la Palabra y la dirección del Espíritu somos guiados hacia el nivel de madurez que estamos llamados tener.

> *"... Los hijos de Dios son todos aquellos que son guiados por el Espíritu de Dios."*
>
> **Romanos 8:14 (RVC)**

El término "hijos" utilizado en este pasaje, hace referencia a hijos maduros, responsables, que ejercen dominio propio y tienen autoridad.

En este mismo orden, es importante notar que el verbo "guiar" está en presente continuo, lo cual significa que además de no haber otra forma de crecer espiritualmente si no es por instrucción y guía del Espíritu Santo, esta dirección y guía en nosotros debe fluir de manera constante en nuestras vidas.

Si nacemos de Dios por medio de su Santo Espíritu, pero no aprendemos a ser guiados por Él, nunca podremos alcanzar el debido nivel de madurez, sino que permaneceremos atrasados en nuestro desarrollo y con síndrome de enanismo en términos espirituales, a pesar de ser herederos de la gran sabiduría que el Señor destinó para nuestra gloria, por rehusarnos a rendirnos a Su instrucción.

> *"Sin embargo, hablamos sabiduría entre los que han alcanzado madurez; y sabiduría, no de este siglo, ni de los príncipes de este siglo, que perecen. Mas hablamos sabiduría de Dios en misterio, la sabiduría oculta, la cual Dios predestinó antes de los siglos para nuestra gloria".*
>
> **1 Corintios 2:6-7**

La provisión de Dios para nuestro crecimiento, madurez y desarrollo espiritual es la guianza continua del Espíritu Santo.

"Pues, «¿Quién puede conocer los pensamientos del Señor? ¿Quién sabe lo suficiente para enseñarle a él?» Pero nosotros entendemos estas cosas porque tenemos la mente de Cristo".

1 Corintios 2:16 (NTV)

PUNTOS A RECORDAR

1. No hay forma de relacionarnos profundamente con el Espíritu Santo, si no aprendemos a conocerlo y honrarlo como la Persona que es.

2. La presencia de Dios llena todo el universo y no hay lugar ni rincón en toda la Tierra por más oculto que sea, en el que podamos perdernos de su vista.

3. En toda la Biblia, todo profeta que trajo un mensaje de Dios, nunca habló por su propia iniciativa, sino que fue inspirado y guiado por el Espíritu Santo para plasmar cada palabra que escribió.

4. Las cosas que Dios ha preparado para los que le aman son invisibles a los ojos humanos y están más allá del mundo material.

5. Donde el nombre de Jesús es honrado, la manifestación del Espíritu fluye libremente para cumplir con aquello para lo que ha sido enviado.

6. Si nacemos de Dios por medio de su Santo Espíritu, pero no aprendemos a ser guiados por Él, nunca podremos alcanzar el debido nivel de madurez que debemos tener.

7. Cuando nacemos de nuevo por el Espíritu, somos como niños y aunque Dios quiere que seamos niños en malicia, no debemos permanecer siendo niños en madurez.

CAPÍTULO 4

EL ESPÍRITU SANTO COMO EL QUE ABOGA POR NOSOTROS

La manifestación del *Espíritu Santo* en nosotros, ha sido la razón por la que en todos los tiempos ha habido ministros de Dios tan *intrépidos* como leones, con frentes más firmes que el bronce, con corazones más rígidos que el *acero* y con palabras que han parecido provenir del mismo *lenguaje* de Dios.

"Pero el Espíritu Santo, a quien el Padre enviará en mi nombre, los consolará y les enseñará todas las cosas, y les recordará todo lo que yo les he dicho".

Juan 14:26 (RVC)

Cuando Jesús estaba en la Tierra, fue la consolación de quienes tuvieron el privilegio de ser sus compañeros. No es difícil imaginar el modo como constantemente sus discípulos acudían a Él para comentarle sus aflicciones, y cómo de forma dulce, sabia y amorosa les hablaba y disipaba sus temores con la inigualable entonación de su voz. Para sus discípulos, Jesús era como un padre, al que presentaban toda carencia, toda angustia y todo gemir del corazón; y Él, cual sabio médico tenía un bálsamo para todas y cada una de las heridas de su alma. Por lo que solo podemos imaginar lo dulce y maravilloso que debe haber sido tener esta gran oportunidad, ya que en términos reales las aflicciones de entonces solo eran "gozo enmascarado" porque proporcionaban la oportunidad de acudir a Jesús para alcanzar alivio. Pero la hora de su muerte se acercaba porque todo lo que se había escrito acerca de Él, debía cumplirse, porque era necesario que Jesús muriera para poder convertirse en la propiciación por nuestros pecados. Era necesario que tuviese una resurrección para que nosotros, que un día seremos los muertos en Cristo, también resucitemos y era necesario que ascendiera a lo alto para llevar cautiva la cautividad, para dar los dones que repartió a los hombres, por causa de su avasallante victoria.

"Por lo cual dice: Subiendo a lo alto, llevó cautiva la cautividad, y dio dones a los hombres".

Efesios 4:8 (JBS)

Pero pese a todo lo que había de acontecer por causa de Su victoria, a los discípulos les entristecía saber que su Maestro les dejaría. Pero antes de partir, les dijo:

> *"Les digo la verdad: les conviene que yo me vaya; porque si no me voy, el Consolador no vendrá a ustedes; pero si me voy, yo se lo enviaré".*
>
> **Juan 16:7(RVC)**

> *"Y yo rogaré al Padre, y él les dará otro Consolador, para que esté con ustedes para siempre: es decir, el Espíritu de verdad, al cual el mundo no puede recibir porque no lo ve, ni lo conoce; pero ustedes lo conocen, porque permanece con ustedes, y estará en ustedes. No los dejaré huérfanos; vendré a ustedes".*
>
> **Juan 14:16-18 (RVC)**

Jesús prometió a sus discípulos que no los dejaría huérfanos, sino que rogaría al Padre para que les dé otro Consolador que estaría con ellos para siempre. Dándoles así garantía de que no les desampararía sino que, por medio de Aquel a quien enviaría, estaría con ellos para siempre. Algo sumamente admirable, ya que para estos momentos en términos humanos Jesús debió sentirse angustiado por todos los sufrimientos que habría de enfrentar, porque sabía muy bien que ya le quedaba poco tiempo en la Tierra y que aquellos a quienes había venido a favorecer, eran los mismos que le habían de entregar, es decir los de su propio pueblo. Sin embargo, a pesar de su angustia se encargó de fortalecerles y afirmarles dándoles la siguiente promesa: "les enviaré otro Consolador, uno que será justo lo que yo he sido, que les consolará en sus angustias, disipará sus dudas, les reconfortará en sus aflicciones y será mi Representante en la Tierra para hacer lo que yo habría hecho de haberme quedado, pero Él lo hará de forma más conveniente para ustedes".

El término "Consolador" según el original griego es "Parakletos" y se traduce como: "maestro, instructor, intercesor, consolador, abogado, alguien llamado al lado de otro para ayudarlo". Así que, cuando Jesús habla de Él, dice: "Yo ya me iré, pero el maestro, el instructor, el intercesor, el consolador, el abogado a quien el Padre enviará en mi nombre, Él les enseñará todas las cosas y les recordará todo lo que yo les he dicho".

Cada uno de los términos utilizados para definir la Persona del Espíritu Santo, son poderosos pero el más utilizado, es el Consolador; y en esta manifestación del Espíritu vamos a profundizar, pero no sin antes resaltar el hecho de que Jesús fue el Maestro oficial de sus seguidores mientras estuvo en la Tierra, y ellos a nadie llamaron Rabí excepto a Cristo, no se sentaron a los pies de ningún hombre para aprender sus doctrinas, sino que la recibieron directamente de labios de Aquel de quien se dijo: *"Jamás hombre alguno ha hablado como este hombre"*. **Juan 7:46**

Pero es este mismo Maestro infalible, que al marcharse dice a quienes había formado: *"Yo no los dejaré huérfanos, sino que les voy a enviar otro Maestro infalible. Y Él será quien les explique las escrituras, les recuerde todo lo que les he hablado y les ponga en claro todas las cosas oscuras"*. Es por esto, que nadie aprende las verdades espirituales del modo como las debe saber, si no es enseñado por el Espíritu Santo y nadie puede conocer a Jesucristo a menos que no sea revelado por el gran Maestro que Él nos envió. No hay ninguna revelación bíblica que pueda ser aprendida de manera segura, plena y verdadera si no es por la ayuda del Espíritu Santo.

Otra de las traducciones para el Espíritu Santo, es "El Abogado". Pero ¿Cómo puede el Espíritu Santo ser nuestro abogado?

Acerca de la Persona de Jesús, la Biblia dice que es "Admirable, Consejero, Dios Fuerte, Padre Eterno, Príncipe de Paz". (Ver Isaías 9:6) Pero, ¿por qué puede decirse que el Espíritu Santo es nuestro abogado? Porque el Espíritu Santo, es quien argumenta en contra de todo lo que se levanta en oposición al plan y a los propósitos de Dios en la Tierra y a su vez, es quien prepara a los que argumentan en la Tierra por la causa de Él. Por esta razón, el apóstol Pablo pudo argumentar con tanta eficacia ante el gobernador de Judea llamado Félix y el también gobernador romano llamado Agripa. (Ver Hechos 24 y 26).

"Nadie aprende las verdades espirituales
del modo como las debe saber, si no es
enseñado por el Espíritu Santo"

La intervención del Espíritu Santo como Abogado, es también la causa por la que los apóstoles no se dejaron amedrentar por ninguna amenaza, con tal de hacer que se cumplieran los propósitos que Dios tenía con ellos durante el tiempo de la iglesia primitiva.

La intervención del Espíritu Santo como Abogado, ha sido la razón por la que en todos los tiempos ha habido ministros de Dios tan intrépidos como leones, con frentes más firmes que el bronce, con corazones más rígidos que el acero y con palabras que han parecido provenir del mismo lenguaje de Dios; y absolutamente siempre que veamos a un simple hombre mortal lleno del fuego del Espíritu y con palabras que traspasan el corazón de quienes le oyen, sepamos que no estamos escuchando a un simple hombre, sino al Espíritu Santo de Dios, hablando por medio de él. Por esto muchos al ver, más no entender el poder que otorga el Espíritu Santo a quienes son de Él, se preguntan ¿de dónde provino esa destreza? Esta destreza no se obtiene en la universidad ni en el seminario; no es otorgada en cursos de oratoria ni de técnicas especiales para convencer un auditorio, sino que es dada por el poder y la capacitación que solo puede impartir el glorioso Espíritu Santo. Es por esto que vemos como personas profundamente endurecidas al escucharles, se desvanecen en llanto y caen rendidos a los pies de Cristo, sin poderse resistir ante la poderosa impartición del Espíritu.

Así que cada vez que ores, puedes decir: *"Amado Espíritu Santo, argumenta en mi corazón y trata con mi consciencia cada vez que peque, háblame cuando me equivoque y corrígeme cuando yerre, instrúyeme y háblame si te desobedezco; aconseja mi alma y haz que mi espíritu perciba la confusión en la que estoy, de modo que pueda volver a ti arrepentido por haberte fallado y anhelando serte fiel para siempre".*

Una forma más como el Espíritu Santo aboga por nuestra causa, es cuando anhelamos hablar, más no sabemos qué decir; y cuando deseamos orar, pero el fervor de los sentimientos ahoga nuestro lenguaje y sentimos que nos quedamos sin aliento. Pero a pesar de todo esto hay un gemido interior en nosotros, uno que emite una voz que a veces no somos capaces de expresar, pero el Espíritu Santo siempre puede interpretar, entender y comunicar en el lenguaje celestial para presentarlo ante Jesucristo, y entonces Cristo lo lleva delante del Padre.

"Cristo es... el que también intercede por nosotros".

Romanos 8:34

Hablaremos un poco más sobre la forma como el Espíritu Santo intercede por nosotros más adelante en este libro, pero ahora veámoslo como Quien nos consuela.

El Espíritu Santo como nuestro Consolador

Para poder hablar de forma apropiada acerca de nuestro gran Consolador, comenzaré resaltando algunas de las características de Su consuelo, que nos ayudarán a entender mejor como Él comprende y se identifica con cada uno de nosotros de forma particular y única.

El Espíritu Santo es un Consolador amoroso: Muchas veces cuando nos encontramos turbados y desconsolados, si alguien de forma casual intenta consolarnos o darnos palabras para animarnos, dichas palabras pueden sonar muy bien, pero al ser emitidas por alguien que no nos ama ni nos conoce del todo, sino que tristemente a veces solo está tratando de probar su habilidad para aconsejar, por más palabras que emita, las tales suenan vacías, no producen ningún efecto en nosotros ni cambian en absoluto la forma como percibimos la situación particular que estemos enfrentando. Por eso muchas veces las palabras que recibimos en medio de nuestras aflicciones, nos resbalan como aceite puesto en losa de mármol; no nos sanan, sino que hacen que nuestro dolor permanezca inamovible porque el alma no se conecta con los discursos humanos vacíos de quienes no sienten ningún amor por ella. Pero si ante la misma situación alguien que nos ama, viene y argumenta con nosotros, entonces sus palabras se convierten en dulce melodía capaz de penetrar en lo más profundo de nuestro corazón, porque tal persona conoce la contraseña que abre la puerta del mismo, y hace que nuestro oído esté atento a cada una de sus palabras, debido a que fluyen de un lenguaje dulce, alentador y profundo, que la sabiduría humana no podría imitar y ningún tipo de psicología, sería capaz de superar.

Como alguien dijo en una ocasión: "El amor es el único pañuelo que puede secar las lágrimas del corazón quebrantado y poner bálsamo en el alma doliente". Y como nadie en la tierra nos ama como el Espíritu Santo, Él es la persona más idónea para consolarnos, curar nuestras heridas y afirmarnos.

Cuando la manifestación del profundo amor que siente el Espíritu Santo por cada uno de nosotros es revelada al corazón, sin importar quién no nos comprenda nos sentimos seguros, afirmados y consolados por Su gran amor y comprensión.

El amor de los hombres muchas veces resulta ser infiel, pero el del Espíritu Santo, siempre permanece fiel. Mas si al leer esto, piensas "Pero yo he sido infiel y he pecado muchas veces contra Él" es necesario que entiendas que por encima de todas tus fallas, Él aún te ama. Así que no pienses que por las heridas de tus pecados que desfiguraron la belleza de la relación que en otro tiempo tenías con Dios, el Señor ya no te ama; porque no es así, sino que Él te amó teniendo conocimiento anticipado de tus pecados, te amó sabiendo todos los fallos que habías de tener y te amará siempre sin importar los errores que puedas llegar a cometer. Pero no vivas para herirlo por causa de tus pecados, reconoce tus fallas, apártate de lo que Él aborrece, pídele perdón y vive para dar gloria a Quién te ama como nunca nadie jamás te amó.

> *"El Señor se manifestó a mí hace ya mucho tiempo, diciendo: Con amor eterno te he amado; por tanto te soporté con misericordia".*
>
> **Jeremias 31:3 (JBS)**

El Espíritu Santo, nunca se rinde en Su trato con nosotros: A diferencia de nosotros, que cuando tratamos de consolar o ayudar a otros a superar las situaciones que les aquejan, de no ver resultado, nos cansamos y muchas veces hasta nos alejamos, el Espíritu Santo jamás se cansa de alentarnos, acompañarnos y consolarnos; y nadie puede traspasar las paredes de nuestra alma como solo Él tiene la capacidad de hacerlo. Es por esto, que hablando sobre el consuelo que intentaban darle sus amigos, el patriarca Job, dijo lo siguiente: "*…Consoladores molestos son todos ustedes*". **Job 16:2**

La razón por la que los amigos de Job no pudieron consolarle, es porque no descubrieron la causa real de su aflicción, pensaron que la causa de sus padecimientos era que él había pecado, que no era un verdadero hijo de Dios y que solo se apoyaba en su propia justicia en ves de reconocer al Señor. Cuando de este mismo hombre, Dios habló a Satanás diciendo: "*¿No has considerado a mi* *siervo Job, que no hay otro como él en la tierra, varón perfecto y recto, temeroso de Dios y apartado del mal?".* **Job 1:8**

Por lo que al tener un diagnóstico equivocado sobre su situación, los amigos de Job, también le dieron el medicamento equivocado; una serie de mandatos y opiniones que no hicieron mas que agrabar el malestar de Job.

> "El alma no se conecta con los
> discursos humanos vacíos de quienes
> no sienten ningún amor por ella"

No hay nada más terrible para un enfermo, que ser diagnosticado de forma errada y por ende tomar medicamentos que no sean para su condición particular. Ya que esto podría no solo complicar el cuadro del paciente, sino que incluso podría causarle la muerte. Así que debemos tener mucho cuidado cuando tratamos de brindar consuelo a quienes están pasando por algún momento de aflicción, para no confundirnos en cuanto a la enfermedad real que las personas que estemos consolando puedan estar padeciendo; y como consecuencia errar en la prescripción. De hecho, si no tenemos las palabras apropiadas para la condición determinada en la que se encuentra una persona o si nos vemos tentados a repetir las mismas palabras con las que siempre tratamos de aliviar a todos los enfermos del alma con los que tratamos, es mejor que solo tomemos un tiempo para orar con el paciente y orar por él constantemente, para que el Gran Consolador y Sanador del alma, el glorioso Espíritu Santo, sea Quien cure completamente ese quebranto y deshaga cualquier secuela que pueda quedar de dicha condición. Porque de lo contrario, el afligido del alma también podría decir acerca de nosotros, lo mismo que acerca de sus amigos dijo el patriarca Job: *"Ya escuché todo esto antes, ¡qué consejeros tan miserables son ustedes!"*. **Job 16:2 (NTV)**

El Espíritu Santo conoce y escudriña lo más profundo de nuestro ser, deja expuesta el alma, encuentra la raíz de nuestros padecimientos en un instante y al verla, aplica el bisturí donde hay algo que debe ser extraído y pone su bálsamo curativo en cualquier llaga que haya surgido, sin equivocarse jamás y con una eficacia gloriosa que ningún tratamiento humano podría llegar a igualar.

Así que antes de tratar de dar consuelo al corazón de quienes padecen angustia, pidamos al Espíritu Santo que nos dé las palabras apropiadas para que dicho corazón, sea verdaderamente reconfortado con lo que le digamos. Por otro lado, ten mucho cuidado cuando recibes consuelo de quienes no tienen la debida revelación sobre tu condición ya que muchos por dejarse llevar de consuelos errados, han caído en un hoyo profundo de confusión, y su condición final ha terminado siendo peor que la que inicialmente les afectaba. No lo olvides, cuando estamos heridos necesitamos consejos sanadores no adulaciones ni palabras que aunque disipan la fiebre, nos hunden más en el abismo de la infeccion que muchas veces son la causa verdadera de la aflicción que padece el corazón.

El veneno de áspid con el que dieron muerte a Cleopatra, fue transportado en una canasta de flores, así mismo la ruina de muchos, se esconde con frecuencia en palabras encantadoras y dulces emitidas por los labios de falsos consoladores. Más el consuelo del Espíritu Santo, es seguro y siempre podremos confiar en el. Cuando Él habla, habla verdad; cuando nos aplica su remedio curativo, podemos tomarlo hasta el fondo porque en Él no hay nada que intoxique o arruine lo que somos.

El Espíritu Santo es nuestra ayuda siempre segura, siempre fiel y siempre presente en el tiempo de la aflicción; y en cada etapa de nuestra vida siempre podremos contar con Él. *"Y yo rogaré al Padre, y él les dará otro Consolador, para que esté con ustedes para siempre: es decir, el Espíritu de verdad, al cual el mundo no puede recibir porque no lo ve, ni lo conoce; pero ustedes lo conocen, porque permanece con ustedes, y estará en ustedes".* **Juan 14:16 -17 (RVC)**

"El veneno de áspid con el que dieron
muerte a Cleopatra, fue transportado
en una canasta de flores"

PUNTOS A RECORDAR

1. No hay ninguna revelación bíblica que pueda ser aprendida de manera segura, plena y verdadera si no es por la ayuda del Espíritu Santo.

2. A diferencia de nosotros, que cuando tratamos de ayudar a otros a superar las situaciones que les aquejan, de no ver resultados, nos cansamos y muchas veces hasta nos alejamos, el Espíritu Santo jamás se cansa de alentarnos.

3. Antes de tratar de dar consuelo al corazón de quienes padecen angustia, pidamos al Espíritu Santo que nos dé las palabras apropiadas para que dicho corazón, sea verdaderamente reconfortado.

4. Cuando estamos heridos necesitamos consejos sanadores no adulaciones ni palabras que aunque disipan la fiebre, nos hunden más en el abismo de la infeccion.

5. La ruina de muchos, se esconde con frecuencia en palabras encantadoras y dulces emitidas por los labios de falsos consoladores.

6. El Espíritu Santo es nuestra ayuda siempre segura, siempre fiel y siempre presente en el tiempo de la aflicción; y en cada etapa de nuestra vida siempre podremos contar con Él.

7. Como nadie en la tierra nos ama como el Espíritu Santo, Él es la persona más idónea para consolarnos, curar nuestras heridas y afirmarnos.

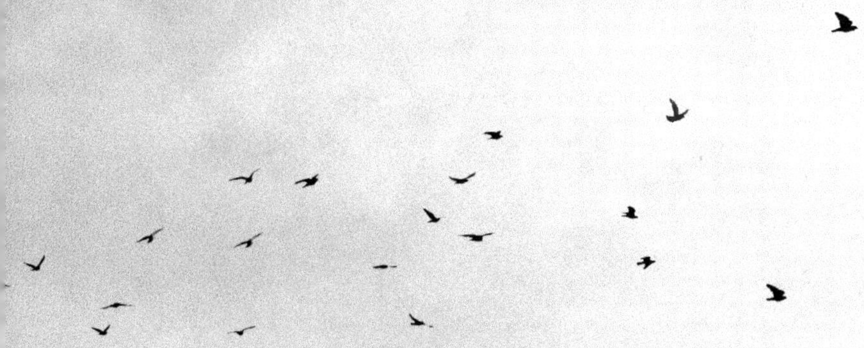

CAPÍTULO 5

EL ESPÍRITU SANTO COMO NUESTRO ALIADO

Las palabras ordinarias con las que constantemente nos comunicamos no tienen la profundidad suficiente para expresar cabalmente, todo lo que nuestro *espíritu* necesita expresar para poder ser *quebrantados, purificados,* y transformados hasta fundirnos en la imagen misma de nuestro *Señor.*

"De igual manera, el Espíritu nos ayuda en nuestra debilidad. Por ejemplo, cuando no sabemos qué pedirle a Dios, el Espíritu mismo le pide a Dios por nosotros. El Espíritu le habla a Dios a través de gemidos imposibles de expresar con palabras".

Romanos 8:26 (PDT)

La única oración que Dios nunca rechaza, es la que es guiada por el Espíritu Santo, porque esta oración va mucho más allá de lo que por nosotros mismos pudiéramos considerar, y se extiende a cada área específica de nuestra vida para que mostremos en todo el gobierno absoluto del Espíritu Santo y podamos ser un sacrificio vivo, santo y agradable para el Señor.

"Por eso hermanos, puesto que Dios nos ha mostrado tanta misericordia, les ruego que entreguen todo su ser como sacrificio vivo a Dios. Esa ofrenda que es su vida debe estar dedicada solamente a Dios para poder agradarle. Esta clase de adoración es la que realmente tiene sentido".

Romanos 12:1 (PDT)

La mejor ofrenda que podemos dar a Dios, es nuestra propia vida; porque es mas fácil darle bienes materiales, que darle la vida. Pero cuando ofrendamos al Señor todo nuestro ser, también todo lo que tenemos está a entera disposición de Él. Sin embargo, solo podemos rendirnos a Dios cuando somos guiados por Su Espíritu. *"Porque todos los que son guiados por el Espíritu de Dios, éstos son hijos de Dios".* **Romanos 8:14**

El verbo "guiar" utilizado en este pasaje, es "ágo" y se traduce como: conducir, inducir, conceder audiencia. Algo que tiene mucho más sentido cuando observamos el significado de cada una de estas palabras de forma separada. Por ejemplo:

1. **Inducir:** es mover a alguien o algo dándole motivos para dicho movimiento.

2. **Conducir:** es llevar a alguien por el camino que debe seguir.

3. **Conceder audiencia:** es dar derecho de defensa, garantizando la escucha atenta por parte de quien puede emitir una resolución.

Por lo que al ser guiados por el Espíritu Santo, somos movidos a hacer lo que tenemos que hacer, según los motivos que fluyen del propósito que el Señor tiene para nosotros; somos llevados por el único camino correcto para nosotros dentro de todos los que existen, y al ser guiados por el Espíritu, se nos concede la oportunidad de tener audiencia constante y abierta ante el tribunal del cielo frente al gran Juez de toda la tierra, siendo apoyados por la defensa constante de nuestro Fiel Abogado, que está sentado a Su derecha.

> *"¿Quién es el que condenará? Cristo es el que murió; más aun, el que también resucitó, el que además está a la diestra de Dios, el que también intercede por nosotros".*
>
> **Romanos 8:34**

Ahora bien, nadie puede ser guiado por el Espíritu Santo, si primero no es hijo de Dios y nadie puede ser hijo de Dios, si no lo es por medio de nuestro Señor y Salvador Jesucristo. Tal como lo expresa el apóstol Pablo, en el siguiente pasaje:

> *"Si confesares con tu boca que Jesús es el Señor, y creyeres en tu corazón que Dios le levantó de los muertos, serás salvo. Porque con el corazón se cree para justicia, pero con la boca se confiesa para salvación. Pues la Escritura dice: Todo aquel que en él creyere, no será avergonzado… Pues el mismo que es Señor de todos, es rico para con todos los que le invocan; porque todo aquel que invocare el nombre del Señor, será salvo".*
>
> **Romanos 10:9-13**

Más así como para ser hijos de Dios necesitamos confesar a Jesús como nuestro Señor y Salvador, para permanecer siéndolo, necesitamos la guía constante del Espíritu Santo de Dios. Pero tristemente, muchos no saben cómo ser guiados por el Espíritu Santo, y por ende desconocen la forma como debemos orar. Por lo que no es coincidencia que en el mismo capítulo que Pablo habla sobre la dirección del Espíritu Santo como evidencia de que somos hijos de Dios, también exprese lo siguiente:

> *"De igual manera, el Espíritu nos ayuda en nuestra debilidad. Por ejemplo, cuando no sabemos qué pedirle a Dios, el Espíritu mismo le pide a Dios por nosotros. El Espíritu le habla a Dios a través de gemidos imposibles de expresar con palabras. Pero Dios nos conoce a fondo y entiende lo que el Espíritu quiere decir, porque el Espíritu ruega a favor de su pueblo santo de acuerdo a la voluntad de Dios".*
>
> **Romanos 8:26-27 (PDT)**

Si consideramos el contexto de este pasaje, nos damos cuenta de que la debilidad que tenemos no es una enfermedad física ni mental, sino una que es parte de nuestra naturaleza carnal, y es que no sabemos pedir a Dios lo que verdaderamente nos conviene.

Existen varias versiones de este pasaje; algunas dicen que "no sabemos pedir lo que nos conviene", que "no sabemos cómo orar a Dios" y otras, que "no sabemos qué quiere Dios que le pidamos en oración". Personalmente creo que todas están en lo correcto. No sabemos qué pedir a Dios, no sabemos cómo orar y tampoco sabemos lo que Dios quiere que le pidamos en oración.

> "Cuando ofrendamos al Señor todo
> nuestro ser, también todo lo que tenemos
> está a entera disposición de Él"

A veces pensamos que sabemos por lo que debemos orar, pero no sabemos cómo orar por ello; otras veces no sabemos por qué orar y mucho menos qué decir a Dios acerca de lo que nos está pasando o de la situación determinada que podamos estar enfrentando. Más la respuesta del Padre ante tal necesidad, es darnos acceso ilimitado a la dirección y a la revelación que vino a traer a nosotros el Espíritu Santo, el Ayudador, el Consolador, el Consejero, el Aliado, el Amigo y el Compañero enviado por el Padre en el nombre de Jesús, para ayudarnos a vivir, orar y caminar del modo como Él espera que lo hagamos.

Pero, ¿cómo puede suceder esto? El apóstol Pablo, explica que cuando el Espíritu Santo viene a nosotros, se hace cargo de nosotros y en nuestra dependencia de Él, intercede por medio de nosotros con gemidos imposibles de expresar con palabras. Pero Dios nos conoce a fondo y entiende lo que el Espíritu quiere decir, porque el Espíritu ruega a favor de nosotros de acuerdo al propósito y la voluntad del Señor para cada uno de nosotros. Así que la clave de una vida de oración exitosa es ceder al Espíritu nuestra intercesión, para que Él la direccione no conforme a nuestra voluntad sino conforme a la voluntad de Dios.

Ahora bien, es importante notar que Pablo enseña que este clamor viene con gemidos imposibles de expresar con palabras, porque fluye directo de nuestro espíritu al Espíritu Santo de Dios y es tan profundo que en ningún lenguaje humano seríamos capaces de poder expresarlo.

Revelando con esto, que muchas de las cosas que necesitamos pedir al Señor en oración, solo pueden ser expresadas por nuestro espíritu y no por nuestra mente. Porque las palabras ordinarias con las que constantemente nos comunicamos no tienen la profundidad suficiente para expresar cabalmente, todo lo que nuestro espíritu necesita expresar para poder ser quebrantados, purificados, y transformados hasta fundirnos en la imagen misma de nuestro Señor.

> *"Así, todos nosotros, que con el rostro descubierto reflejamos como en un espejo la gloria del Señor, somos transformados a su semejanza con más y más gloria por la acción del Señor, que es el Espíritu".*
>
> **2 Corintios 3:18 (NVI)**

Nuestro espíritu anhela a Dios y desea estar conectado con Él, porque muy en lo profundo de nuestro ser, hay cosas que solo pueden ser sanadas y depósitos que solo pueden ser liberados estando profundamente conectados a Él. Sin embargo, mientras estemos limitados por nuestra mente y por la forma como nuestros sentidos naturales perciben las cosas, nuestro espíritu no podrá expresarse profundamente y no podremos tener una revelación clara de los planes del Señor ni de la gloriosa herencia que Él ha dispuesto para su pueblo Santo; con respecto a lo cual, el apóstol dijo:

"Pido que el Dios de nuestro Señor Jesucristo, el Padre glorioso, les dé el Espíritu de sabiduría y de revelación, para que lo conozcan mejor. Pido también que les sean iluminados los ojos del corazón para que sepan a qué esperanza él los ha llamado, cuál es la riqueza de su gloriosa herencia entre pueblo santo".

Efesios 1:17-18 (NVI)

Otra forma como el Espíritu nos ayuda, es direccionándonos a orar como debemos hacerlo en nuestro propio lenguaje. Pero con una oración tan guiada por Él, que por nuestra propia cuenta no seríamos capaces de hacer.

Por ejemplo, ¿Alguna vez has orado usando palabras tan profundas y precisas que has reconocido que esa no es la forma como generalmente oras? Si es así, es porque el Espíritu Santo, en ese preciso momento te estuvo guiando, para que tu oración estuviera en armonía con lo que para entonces, Dios quiso hacer en ti o por medio de ti.

La tercera forma como el Espíritu Santo nos ayuda a orar, es en lenguas espirituales; lo cual podemos ver en más de una ocasión en el Nuevo Testamento, y aunque no todos comprenden esto, las lenguas espirituales son la expresión de nuestro espíritu que va más allá de la comprensión limitada que tiene nuestra mente. Mas a Dios las gracias porque nuestra experiencia con Él, no se limita a lo que nuestra mente puede comprender, sino que la sobrenaturalidad de Dios traspasa nuestras limitaciones y a través de nuestro espíritu, hace que podamos comunicar misterios en nuestras oraciones.

> *"Porque el que habla en lenguas no habla a los hombres, sino a Dios; pues nadie le entiende, aunque por el Espíritu habla misterios... El que habla en lengua extraña, a sí mismo se edifica".*
>
> **1 Corintios 14:2,4**

"Muchas de las cosas que necesitamos pedir al Señor en oración, solo pueden ser expresadas por nuestro espíritu y no por nuestra mente"

Tres revelaciones que comunica este pasaje:

1. **Cuando hablamos en lenguas espirituales, no hablamos a los hombres sino a Dios:** Esto constituye un alto honor y un gran privilegio, porque poder hablar de forma directa con el Rey de todo el Universo, no se compara con ninguno de los privilegios que los reyes de esta tierra puedan llegar a concedernos jamás.

2. **Cuando hablamos en lenguas por el Espíritu, hablamos misterios:** Guiados por el Espíritu Santo hablamos cosas demasiadas profundas, tan profundas que nuestra mente limitada, no alcanza a comprender y ningún humano en esta tierra (por más inteligente que sea) tiene la capacidad de entender. *"Pero el hombre natural no percibe las cosas que son del Espíritu de Dios, porque para él son locura, y no las puede entender, porque se han de discernir espiritualmente".* 1 Corintios 2:14

3. **Cuando hablamos en lenguas espirituales, nos edificamos a nosotros mismos:** Lo que hablamos en lenguas espirituales, la mente no lo entiende pero el espíritu se edifica profundamente por causa de ello.

"El que habla en lenguas se edifica a sí mismo, en cambio, el que profetiza edifica a la iglesia".

1 Corintios 14:4 (NVI)

Tres cosas que revelan que somos guiados por el Espíritu Santo y vivimos bajo el gobierno de Dios

1. El lenguaje que hablamos:

El lenguaje que se habla en un territorio, revela la influencia a la que dicho territorio ha sido expuesto. Por eso cuando te conviertes en hijo de Dios, el reino de Dios pasa a ser tu gobierno; y tu lenguaje, pasa a ser el lenguaje de Su Reino. Así que, si entregaste tu vida a Jesús y vives con personas que no han hecho lo mismo, todos los que viven ahí tienen la misma ubicación geográfica, pero lo que cada uno habla y la forma como cada uno vive, revela a quien pertenece y la influencia del gobierno al que ha sido expuesto.

"Las palabras que salen de tu boca muestran lo que hay en tu corazón".

Lucas 6:45b (TLA)

2. Las entradas y accesos que otorgamos:

Quien controla un territorio, siempre controla la entrada al mismo, porque su bienestar depende de aquello a lo que se le da o se le niega la entrada; por lo que debemos tener mucho cuidado con las personas que nos asociamos, las conversaciones en las que participamos, la música que escuchamos, los programas que vemos, las cuentas de redes sociales que seguimos y los lugares que frecuentamos.

Porque somos lo que ingerimos en términos físicos, y en términos espirituales eso no es diferente. Las dos entradas principales de todo lo que tiene acceso a nosotros, son los ojos y los oídos, por eso debemos tener mucho cuidado con lo que vemos y escuchamos. A esto hizo referencia Jesús, cuando dijo: "Cuídense de lo que oigan" **Marcos 4:24**. Y además también dijo: "La lámpara del cuerpo es el ojo; así que, si tu ojo es bueno, todo tu cuerpo estará lleno de luz". **Mateo 6:22**

3. El gobierno al que nos sujetamos:

Dios es el Dueño Absoluto de todo lo que existe en el universo y tiene todos los derechos reservados sobre la creación, porque

CÓMO SER AMIGO DEL ESPÍRITU SANTO

Él creó todo lo que existe. Es decir, que desde antes que le reconociéramos como el Dueño de nuestras vidas, ya Él lo era. Pero como nos dio libre albedrío, no nos impuso la entrada a Su gobierno, sino que nos ha hecho una invitación de amor para que le amemos y rindamos lo que somos ante Él, sirviéndole de todo corazón. Ahora bien, en ningún reinado puede haber dos reyes, por lo que no podemos decir que hemos dado a Dios el gobierno de nuestra vida y seguir viviendo para nuestros deleites y no para la gloria de Él, porque: *"Nadie puede servir a dos amos, pues odiará a uno y amará al otro, o estimará a uno y menospreciará al otro...."* **Mateo 6:24 (RVC)**

> *"Jesús les dijo: - Cuando ustedes oren, digan: ... Ven y sé nuestro único rey".*
>
> **Lucas 11:2 (TLA)**

PUNTOS A RECORDAR

1. La única oración que Dios nunca rechaza, es la que es guiada por el Espíritu Santo.

2. Al ser guiados por el Espíritu Santo, somos movidos a hacer lo que tenemos que hacer según los motivos que fluyen del propósito que el Señor tiene para nosotros.

3. Así como para ser hijos de Dios, necesitamos confesar a Jesús como nuestro Señor y Salvador, para permanecer siéndolo, necesitamos la guía constante del Espíritu Santo de Dios.

4. La clave de una vida de oración exitosa, es ceder al Espíritu nuestra intercesión, para que Él la direccione no conforme a nuestra voluntad sino conforme a la voluntad de Dios.

5. Nuestro espíritu anhela a Dios y desea estar conectado con Él, porque muy en lo profundo de nuestro ser, hay cosas que solo pueden ser sanadas y depósitos que solo pueden ser liberados estando profundamente conectados a Él.

6. El lenguaje que se habla en un territorio, revela la influencia a la que dicho territorio ha sido expuesto.

7. Quien controla un territorio, siempre controla la entrada al mismo, porque su bienestar depende de aquello a lo que se le da o se le niega la entrada.

CAPÍTULO 6

ENVIADO A LA TIERRA A OCUPAR EL LUGAR DE JESÚS

La vida cristiana se basa en seguir
el modelo de Jesús, viviendo una
vida llena del *poder*, la gracia, la
autoridad, la valentía, el coraje y la
fortaleza que viene a nosotros a través
del Espíritu Santo y nos equipa, para
cumplir con el *propósito* para el cual
Dios nos creó, nos escogió desde
antes de la fundación del mundo y
nos ha *preservado* hasta hoy.

"Ustedes lo conocen, porque permanece con ustedes, y estará en ustedes".

Juan 14:17b

Como vimos anteriormente, uno de los significados para "Consolador" según el término original, es "alguien llamado a estar al lado de otro para ayudarlo". Por eso otras versiones del mismo pasaje, dicen:

> *"Y yo le pediré al Padre que les mande otro Defensor, el Espíritu de la verdad, para que esté siempre con ustedes".* (DHH)
> *"Le pediré al Padre y les dará otro Consejero para que esté siempre con ustedes".* (PDT)
> *"Yo, por mi parte, rogaré al Padre para que les envíe otro Abogado que esté siempre con ustedes".* (BLPH)

Así que cuando Jesús dijo que enviaría en su lugar al Espíritu Santo, quiso decir a sus discípulos: "Yo, ya he estado con ustedes por más de tres años, pero ahora los tengo que dejar porque voy a regresar al Padre. Pero no se entristezcan porque no los voy a dejar solos, otra persona igual a mí vendrá a estar con ustedes, en mi lugar". En este contexto, el término "otro" es altamente relevante porque significa "otro igual o de la misma naturaleza".

Aunque el Espíritu Santo ha estado presente colaborando con todos los planes de Dios en la tierra desde la creación, antes de Jesús ir a la Cruz, solo podía ayudar a ciertas personas según el propósito y la voluntad de Dios con ellos, y solo por un periodo determinado de tiempo, pero después de Jesús ir a la cruz, el Espíritu Santo vive en el corazón de todo hijo de Dios de forma permanente.

"El cuerpo de ustedes es como un templo, y en ese templo vive el Espíritu Santo que Dios les ha dado. Ustedes no son sus propios dueños".

1 Corintios 6:19 (TLA)

Al hablar de su partida y referirse a la llegada del Espíritu Santo, Jesús dijo: *"Pero ahora vuelvo al que me envió; y ninguno de ustedes me pregunta: "¿A dónde vas?" Al contrario, por esto que les he dicho, su corazón se ha llenado de tristeza. Pero les digo la verdad: les conviene que yo me vaya; porque si no me voy, el Consolador no vendrá a ustedes; pero si me voy, yo se lo enviaré".* **Juan 16:5-7 (RVC)**

Poder comprender este pasaje, requiere de la revelación especial que solo pueda dar el Espíritu, porque no es cosa sencilla para alguien que ama a Jesús, entender que "conviene" que Él se vaya para que venga otro en lugar de Él.

Pero, fue Jesús mismo quien dijo que era mejor y más conveniente para nosotros que Él esté en el cielo y que el Espíritu Santo esté en la tierra haciéndonos compañía.

El término "conviene" en griego es "symphéro" que quiere decir "soportar juntos, contribuir, convenir, conducir, poner en ventaja, traer juntos". Por tanto, el Espíritu Santo es quien nos ayuda a soportar lo que tenemos que enfrentar, contribuye con nuestra causa, hace que estemos de acuerdo con Él poniendo en nosotros así el querer como el hacer, nos conduce en el camino que debemos recorrer, hace que estemos en ventaja y permanece con nosotros para ver el resultado de todo esto, estando juntos. Lo que es completamente opuesto a los diversos argumentos que muchos utilizan para negar la personalidad del Espíritu Santo; quien no es una influencia personal, no es un abstracto teológico, no es un sistema, no es una fuerza, no es una corriente, no es una brisa, no es fuego, no es aceite y no es una paloma, sino que estos elementos solo lo representan. El Espíritu Santo es Dios, es una Persona, es la tercera Persona de la Trinidad y mientras vivamos para la gloria de Cristo, estará con nosotros para acompañarnos hasta la eternidad. Porque ama relacionarse con nosotros, y ver que tenemos como prioridad de vida, relacionarnos profundamente con Él.

Pero, ¿cuál es el requisito principal para poder cultivar una relación profunda con el Espíritu Santo? El requisito es el mismo que se requiere para cultivar cualquier otro tipo de relación; y es ser sensibles. Ser sensibles en el trato que tenemos con la persona que queremos cultivar una relación, es absolutamente necesario para que dicha relación sea profunda y sólida.

Entregué mi vida a Jesús, a la edad de 16 años y hasta hace algunos años, siempre decía que en cuanto a mí caminar con el Señor, de lo único que me arrepentía era de no haberle recibido antes como mi Salvador, a pesar de que muchas veces me habían hablado acerca de Él. Pero en los últimos años, he descubierto que tengo otra cosa de la que también me arrepiento y es de que a pesar de haber confesado a Jesús como mi Señor desde temprana edad, no siempre fui sensible a su voz, ni siempre di toda la importancia a cada detalle de su instrucción. Por eso ahora y desde hace ya un tiempo, cada vez que oro no dejo de pedir: "Espíritu Santo por favor enséñame a escucharte y ayúdame a comprender tu voluntad, porque yo quiero hacer cada cosa siempre guiada por ti y si lo que pienso hacer no viene de ti, dímelo y te prometo que sin importar cuanto lo desee, yo voy a desistir".

El Espíritu Santo, es muy sensible para con nosotros, pero la relación no funcionará a menos que nosotros también seamos sensibles con Él. Porque, Él no actúa como sargento de entrenamiento ni nos agobia dándonos órdenes; es muy gentil y para poderlo discernir cuando trata de dirigir nuestra atención hacia algo, la clave es ser sensible para poder captar lo que Él se dispone a comunicar.

Sobre quien descienda y permanezca, ese es

"El siguiente día Juan vio que Jesús venía hacia él, y dijo: Este es el Cordero de Dios, que quita el pecado del mundo".
San Juan 1:29 (RVC)

"También dio Juan testimonio, diciendo: Vi al Espíritu que descendía del cielo como paloma, y permaneció sobre él. Y yo no le conocía; pero el que me envió a bautizar con agua, aquel me dijo: Sobre quien veas descender el Espíritu y que permanece sobre él, ese es el que bautiza con el Espíritu Santo. Y yo le vi, y he dado testimonio de que este es el Hijo de Dios".
Juan 1:32-34

Al observar este pasaje con detenimiento, podemos ver una triple presentación de Jesús, primero como "el Cordero de Dios", segundo como "el que bautiza con el Espíritu Santo" y tercero como "el

Hijo de Dios". También hay dos representaciones del reino animal; una es el cordero y la otra es la paloma.

Jesús es representado como el cordero y el Espíritu Santo, es representado como la paloma. Pero, ¿qué relación hay entre estas dos figuras? Las características del cordero son la pureza, mansedumbre y la entrega; mientras que la paloma es sensible, pasiva y delicada. En este sentido, Dios pudo usar otras imágenes del reino animal como el león y el águila; las que de hecho, se utilizan en otros pasajes de la Biblia, pero de acuerdo a la misión de la Trinidad a favor de la humanidad, Quien daría su vida en sacrificio por nosotros, debía ser representado como *"El Cordero que quita el pecado del mundo"* y Quien le acompañaría para darle fuerza y poder para cumplir con dicha asignación, debía ser representado como "La Paloma" que por causa de su naturaleza, es absolutamente compatible con las características del cordero.

"El Espíritu Santo, es muy sensible para con nosotros, pero la relación no funcionará a menos que nosotros también seamos sensibles con Él"

La paloma no es compatible con la arrogancia, el egoísmo, el alarde, la soberbia ni la agresividad; sino que es atraída por la pureza, la mansedumbre y la entrega.

¡Qué glorioso hecho! Juan pudo ver al Espíritu Santo descender sobre el Cordero, pero no solo lo vio descender sino también permanecer. Recordemos que antes de Jesús, el Espíritu había descendido sobre otros hombres de Dios, pero la señal dada a Juan, fue: *"Sobre quien veas descender el Espíritu y que **permanece sobre él**, ese es..."*

Por causa de la Asignación del Espíritu, Él desciende sobre quienes confiesan a Jesús como su Señor y Salvador, pero solo permanece en quienes tienen pureza, mansedumbre y entrega; que son las características del Cordero.

La relación de Jesús con el Espíritu Santo

La forma como Jesús se relacionó con el Espíritu Santo durante el tiempo que estuvo en la tierra, fue la clave de todo Su glorioso ministerio. De hecho, el modo como su vida y ministerio revelarían al Espíritu Santo, fue anunciado desde el Antiguo Testamento.

"Y el Espíritu del Señor reposará sobre él: el Espíritu de sabiduría y de entendimiento, el Espíritu de consejo y de poder, el Espíritu de conocimiento y de temor del Señor. Él se deleitará en obedecer al Señor; no juzgará por las apariencias ni tomará decisiones basadas en rumores".

Isaías 11:2-3 (NTV)

"Miren a mi siervo, al que yo fortalezco; él es mi elegido, quien me complace. He puesto mi Espíritu sobre él; él hará justicia a las naciones".

Isaías 42:1 (NTV)

Jesús fue concebido por obra del Espíritu Santo:

"El ángel le respondió: El Espíritu Santo vendrá sobre ti, y el poder del Altísimo te cubrirá con su sombra. Por eso el Santo Ser que nacerá será llamado Hijo de Dios".

Lucas 1:35 (RVC)

"El nacimiento de Jesucristo fue así: Estando desposada María su madre con José, antes que se juntasen, se halló que había concebido del Espíritu Santo".

Mateo 1:18

"Y pensando él en esto, he aquí un ángel del Señor le apareció en sueños y le dijo: José, hijo de David, no temas recibir a María tu mujer, porque lo que en ella es engendrado, del Espíritu Santo es".

Mateo 1:20

Jesús siempre fue guiado por el Espíritu Santo:

"Y el niño crecía, y se fortalecía en espíritu; y estuvo en lugares desiertos hasta el día de su manifestación a Israel".

Lucas 1:80

El Espíritu Santo descendió sobre Jesús al momento de ser bautizado:

"Y Jesús, después que fue bautizado, subió luego del agua; y he aquí los cielos le fueron abiertos, y vio al Espíritu de Dios que descendía como paloma, y venía sobre él".

Mateo 3:16

El Espíritu Santo llevó a Jesús al desierto para ser tentado por el diablo:

> *"Entonces Jesús fue llevado por el Espíritu al desierto, para ser tentado por el diablo".*

Mateo 4:1

El ministerio de Jesús siempre fue impulsado por el Espíritu Santo:

> *"El Espíritu del Señor está sobre mí, Por cuanto me ha ungido para dar buenas nuevas a los pobres; Me ha enviado a sanar a los quebrantados de corazón; A pregonar libertad a los cautivos, Y vista a los ciegos; A poner en libertad a los oprimidos".*

Lucas 4:18

> *"… Dios ungió a Jesús de Nazaret con el Espíritu Santo y con poder. Después Jesús anduvo haciendo el bien y sanando a todos los que eran oprimidos por el diablo, porque Dios estaba con él".*

Hechos 10:38 (NTV)

Jesús fue resucitado por el poder del Espíritu Santo:

> *"Dios resucitó a Jesús de la muerte. Y si el Espíritu de Dios vive en ustedes, el mismo que resucitó a Cristo le dará vida a su cuerpo mortal por medio del Espíritu que vive en ustedes".*

Romanos 8:11 (PDT)

Jesús fue justificado por el Espíritu Santo:

"Y quedó demostrado que era el Hijo de Dios cuando fue resucitado de los muertos mediante el poder del Espíritu Santo. Él es Jesucristo nuestro Señor".

Romanos 1:4 (NTV)

Jesús es Dios, pero al venir a la tierra se despojó de su divinidad para identificarse con la humanidad, por eso hasta que el Espíritu Santo no vino sobre Jesús de forma visible y permanente, Él no predicó ni un solo sermón, ni hizo milagro alguno. Dicho de otra manera, hasta que el Espíritu Santo no descendió sobre Jesús, Él no sanó ningún enfermo, no liberó ningún endemoniado, no calmó tormentas, no resucitó muertos, no multiplicó panes ni peces, no anduvo sobre las aguas, ni hizo nada sobrenatural. ¿Sabes por qué? Porque no podía hacer nada de eso hasta que no fuera lleno del Espíritu Santo. Ya que al hacerse semejante a nosotros, estaba tan limitado por su humanidad como lo estamos nosotros. Por tanto, absolutamente todo lo que Jesús hizo durante su ministerio, lo hizo como hombre, pero como un hombre que tiene una relación correcta con el Espíritu Santo. En otras palabras, el Espíritu Santo fue el equipamiento sobrenatural dado por el Padre, para que Jesús pudiese vivir más allá de sus limitaciones humanas.

Para poder comprender esto mejor, consideremos lo siguiente: Si Jesús se hubiese presentado a nosotros como el Dios Todopoderoso, y en esa presentación hubiese sanado enfermos, expulsado demonios y hecho diferentes milagros; hubiésemos estado impresionados por tal magnitud de poder, pero nuestra vida cristiana se limitaría a hacernos simples espectadores por causa de nuestras limitaciones humanas. Sin embargo, por haberse manifestado a

103

nosotros como un hombre en la correcta relación con el Espíritu Santo, ya no tenemos que limitarnos a ser solo sus espectadores, sino que también podemos ser sus imitadores. Porque Jesús es el modelo perfecto de lo que puede llegar a ser una vida humana en la correcta relación con el Espíritu Santo de Dios.

Así que no lo olvides, la vida cristiana no solo se basa en ir a la iglesia, aunque ir a una iglesia donde se predica la Palabra de Dios de manera correcta, es imprescindible para todo creyente; no solo se basa en tener buen testimonio, aunque tener el testimonio de una vida íntegra, es algo que todo cristiano debe procurar; no solo consiste en cantar canciones, hacer eventos o pertenecer a concilios u otras instituciones; aunque todas estas cosas tienen su valor. La vida cristiana es mucho más que eso, se basa en seguir el modelo de Jesús, viviendo una vida llena del poder, la gracia, la autoridad, la valentía, el coraje y la fortaleza que viene a nosotros a través del Espíritu Santo y nos equipa, para cumplir con el propósito para el cual Dios nos creó, nos escogió desde antes de la fundación del mundo y nos ha preservado hasta hoy.

> *"Desde antes de crear el mundo Dios nos eligió, por medio de Cristo, para que fuéramos solo de él y viviéramos sin pecado".*
> **Efesios 1:4 (TLA)**

Por eso Jesús envió al mismo Espíritu que le dio poder para vencer, a morar en cada uno de nosotros. Él sabía que lo necesitábamos y pidió al Padre que lo enviara a ayudarnos a vivir como Él espera que lo hagamos. En otras palabras, por ser enviado por el Padre en el nombre de Jesús, el Espíritu de Dios procedió a descender en nosotros, pero del modo como vivamos depende si ha de permanecer en nosotros.

> *"Por lo tanto, amados hermanos, les ruego que entreguen su cuerpo a Dios por todo lo que él ha hecho a favor de ustedes. Que sea un sacrificio vivo y santo, la clase de sacrificio que a él le agrada. Esa es la verdadera forma de adorarlo".*
>
> **Romanos 12:1 (NTV)**

> *"**No entristezcan al Espíritu Santo de Dios**, con el cual ustedes fueron sellados para el día de la redención. Desechen todo lo que sea amargura, enojo, ira, gritería, calumnias, y todo tipo de maldad. En vez de eso, sean bondadosos y misericordiosos, y perdónense unos a otros, así como también Dios los perdonó a ustedes en Cristo".*
>
> **Efesios 4:30-32 (RVC)**

PUNTOS A RECORDAR

1. El Espíritu Santo es muy sensible para con nosotros, pero la relación no funcionará a menos que nosotros también seamos sensibles con Él.

2. Ser sensibles en el trato que tenemos con la persona que queremos cultivar una relación, es absolutamente necesario para que dicha relación sea profunda y sólida.

3. El Espíritu Santo es una Persona, es la tercera Persona de la Trinidad y mientras vivamos para la gloria de Cristo, estará con nosotros para acompañarnos hasta la eternidad.

4. Jesús es Dios, pero al venir a la tierra se despojó de su divinidad para identificarse con la humanidad.

5. El Espíritu Santo fue el equipamiento sobrenatural dado por el Padre, para que Jesús pudiese vivir más allá de sus limitaciones humanas.

6. Jesús es el modelo perfecto de lo que puede llegar a ser una vida humana en la correcta relación con el Espíritu Santo de Dios.

7. Por ser enviado por el Padre en el nombre de Jesús, el Espíritu de Dios procedió a descender en nosotros, pero del modo como vivamos depende si ha de permanecer en nosotros.

CAPÍTULO 7

CÓMO TENER UNA COMUNIÓN ÍNTIMA CON EL ESPÍRITU SANTO

Lo único que importará al culminar

nuestro tiempo aquí, será poder

escuchar la voz del Señor decir:

"Lo hiciste bien, porque tu vida sirvió

para mostrar mi *gloria*

y porque te dejaste guiar por mi

Santo Espíritu; la Persona que envié

a ti, para *fortalecerte*, *instruirte*, y

guiarte hacia la razón por la cual te

hice existir".

"Que la gracia del Señor Jesucristo, el amor de Dios, y la comunión del Espíritu Santo sean con todos ustedes".

2 Corintios 13:14 (RVC)

Aunque este pasaje no es uno de los más extensos ni de los más mencionados, es uno de los más intensos y relevantes de toda la Biblia, ya que en él se condensa toda la potencia de la Trinidad, resumiendo las tres expresiones más profundas de cada miembro de la misma, que a su vez son las tres expresiones de Dios, que todo cristiano está llamado a experimentar; y son el amor del Padre, la gracia del Hijo y la comunión con el Espíritu Santo.

El amor, es la expresión más profunda del Padre: *"Porque de tal manera amó Dios al mundo, que ha dado a su Hijo unigénito, para que todo aquel que en él cree no se pierda, sino que tenga vida eterna".* **Juan 3:16**

"Miren lo grande que es el amor que el Padre nos ha mostrado, ¡hasta llega a hacer posible que seamos llamados hijos de Dios! Y eso es lo que de verdad somos. Por eso la gente del mundo no nos conoce, pues el mundo no conoce a Dios".

1 Juan 3:1 (PDT)

La gracia, es la expresión más profunda del Hijo: *"Él quiso morir para rescatarnos de todo lo malo y para purificarnos de nuestros pecados. Al hacerlo, nos convirtió en su pueblo, en un pueblo decidido a hacer el bien".* **Tito 2:14 (TLA)**

"Porque por gracia sois salvos por medio de la fe; y esto no de vosotros, pues es don de Dios".

Efesios 2:8

Así como la expresión más profunda del Padre, es el amor; y la expresión más profunda del Hijo, es la gracia; la expresión más profunda del Espíritu Santo es la comunión. Pero muchos cristianos no disfrutan de esta gloriosa expresión porque no le reconocen. En otras palabras, la mayoría de las personas que sirven a Dios, perciben el amor del Padre y viven bajo la gracia del Hijo, pero no tienen una comunión íntima con el Espíritu Santo. De hecho, muchos llegan al final de sus vidas habiendo adorado al Padre y muy agradecidos por la gracia del Hijo, pero absolutamente inconscientes de la presencia del Espíritu Santo en sus vidas, porque no comprenden de forma certera Quién verdaderamente es, el Espíritu Santo.

Pero cuando le conocemos, vivimos en la abundancia de vida que el Señor ha provisto para nosotros, nuestras prioridades se organizan y nos damos cuenta de que hay cosas que no tenemos que perseguir, sino que nos van a perseguir por causa del propósito que Dios tiene para nosotros. Así que no tenemos que manipular a nadie para que acepte o apoye lo que hacemos, porque Él hará que lleguen a nosotros, aquellos que fueron asignados al propósito que tenemos.

Por el contrario, cuando no tenemos una comunión íntima con el Espíritu Santo, nos sentimos vacíos y pensamos que es por falta de valoración, porque no tenemos los recursos que según nosotros necesitamos o porque otros no nos dan las oportunidades que deseamos. Pero por experiencia propia puedo asegurarte algo, lo que tu corazón verdaderamente anhela no es algo que puedan darte los hombres, no es la satisfacción que traen los bienes materiales que puedas llegar a tener, tampoco es la reputación que pueda traer las posiciones ministeriales, la fama y todo lo que puede provenir de ella; lo que tu corazón verdaderamente anhela, es el afecto que solo puede darnos el Espíritu Santo, cuando tenemos una comunión íntima con Él.

Durante muchos años de mi vida pensé que el éxito de la vida cristiana dependía de todas estas cosas, pero luego, pude aprender una verdad que me cambió para siempre y es que lo único que importará al culminar nuestro tiempo aquí, será poder escuchar la voz del Señor decir: "Lo hiciste bien, porque tu vida sirvió para mostrar mi gloria y porque te dejaste guiar por mi Santo Espíritu; la Persona que envié a ti, para fortalecerte, instruirte, y guiarte hacia la razón por la cual te hice existir".

> "Hay cosas que no tenemos que perseguir,
> sino que nos van a perseguir por causa del
> propósito que Dios tiene para nosotros"

Todo el que sirve a Jesús, pero no ha comprendido esto, es propenso a poner su mirada en las cosas que no sacian, a sentirse vacío por no tener lo que otros tienen y a sentirse estancado cuando no recibe de otros lo que quiere. Y esto solo es diferente cuando profundizamos en nuestra relación con el gran Aliado que el Padre nos ha enviado, para ayudarnos a entender y guiarnos hacia aquello en lo que debemos enfocarnos.

El deseo de Dios, no es que andemos en confusión, sino que tengamos dirección clara con relación a lo que debemos hacer. Por eso nos promete en su Palabra:

"Yo te voy a hacer que entiendas. Voy a enseñarte el camino que debes seguir, y no voy a quitarte los ojos de encima". **Salmos 32:8 (RVC)**

La relación más importante que podemos cultivar cada día, es la relación con el Espíritu Santo. Por eso cuando a uno de los evangelistas más influyentes del siglo XX llamado Billy Graham, se le preguntó: ¿Qué haría usted si pudiera volver a vivir su vida otra vez? Él sin dudar, de forma firme y segura respondió: "Me ocuparía menos en las cosas que perecen y pasaría más tiempo orando y afirmando mi relación con el Espíritu Santo de Dios".

Todos los que hemos sido hechos hijos de Dios por medio de Jesucristo, tenemos dentro de nosotros al Espíritu Santo. El mismo Espíritu que estaba en Billy Graham, en Katherine Kulman, en el apóstol Pedro, en Pablo y en cada uno de los apóstoles. No tenemos menos Espíritu Santo que ellos porque el Espíritu Santo es una Persona y las personas no se dan por medida; sino que están presentes o están ausentes, nunca están a la mitad.

Pero, ¿por qué los resultados de tener al Espíritu Santo son distintos en cada persona? Porque los resultados de Su presencia no dependen de su deseo de manifestarse sino de cuanto la Persona que le tiene, desee que Él se manifieste.

Decir sí, a la amistad que el Espíritu Santo quiere tener con nosotros, requiere de tiempo y disposición para poder cultivar una relación profunda y enraizada a través del conocimiento de la Palabra, la oración, el ayuno y la intimidad constante.

Conocer lo que la Palabra de Dios dice acerca del Espíritu Santo, hace que entendamos mejor Quién es Él. Porque el conocimiento trae revelación, la revelación trae afirmación y la afirmación hace que no seamos movidos de nuestros cimientos, sin importar los vientos que puedan venir en contra de nosotros.

La clave de una vida cristiana victoriosa, es tener comunión con el Espíritu Santo y dejarnos guiar por Él, en cualquier cosa que hagamos.

Que el ruido externo al que somos expuestos, no apague la voz del Espíritu

En muchas ocasiones, el Espíritu Santo quiere hablarnos, pero las tantas ocupaciones que tenemos y el ruido excesivo que hay en nuestra cabeza, sumado a todas las voces externas a las que somos expuestos, nos impide escucharlo. De hecho, resulta preocupante ver qué tan pendiente estamos de las notificaciones que recibimos en nuestro teléfono móvil, pero no siempre nos interesamos igual en lo que quiere comunicarnos la voz del Espíritu Santo.

Las notificaciones que recibimos tienen tanto valor para nosotros que muchas veces le damos permiso de interrumpir el tiempo que pasamos en familia, el de nuestra comida, el de nuestro descanso y a veces hasta el de nuestra adoración. Sin embargo, al Espíritu Santo no siempre le damos acceso para guiarnos en el momento que Él desee y en lo que sea que Él quiera utilizarnos.

No importa si eres un predicador o un deportista, un pastor o un artista, un profeta o empresario, el Espíritu Santo quiere tomarte de la mano y llevarte a donde está la necesidad para que seas Su respuesta en ese lugar; quiere que hables de Jesús a ese compañero de trabajo que lo necesita, quiere guiarte a ser generoso con el menesteroso, quiere enseñarte a perdonar a quienes te han herido, quiere usarte para orar por los que están afligidos, quiere guiarte para que puedas revelarlo en lugares hostiles, así que no te le resistas. Pero en este punto, quizás pienses: "No puedo hacer estas cosas" o "me cuesta mucho poder hacerlas". Si es así, te tengo que decir que la vida cristiana no fue diseñada para vivirla de acuerdo a lo que nosotros podemos hacer con nuestras propias capacidades o por nuestras propias fuerzas, sino para revelar lo que Dios quiere y puede hacer por medio de nosotros, cuando nos dejamos usar por Él y cuando dejamos que Él nos guíe hacia el propósito que tiene con nosotros.

Así que la falta de dirección que tenemos, no es porque no tenemos al Espíritu Santo; es porque el Espíritu Santo no nos tiene a nosotros.

La única manera como podemos vivir plenamente en el propósito de Dios, es dejándonos guiar por Su Santo Espíritu. Si lo que hacemos, solo se sostiene por nuestras propias fuerzas, capacidades, valores morales, autodisciplina, talentos, conocimientos u oratoria, entonces no estamos dependiendo del Espíritu Santo para hacerlo. Y por favor no me malinterpretes, porque estoy completamente a favor de que todas estas cosas sean usadas en el cumplimiento de nuestra asignación. Pero una cosa es usar lo que tenemos como instrumento en la ejecución de la instrucción que recibimos de parte del Señor, y otra muy diferente, es apoyarnos tanto en eso, que lo usemos como reemplazo de nuestra dependencia de Dios. En otras palabras, si para ser lo que Dios quiere que seamos y hacer lo que Él espera que hagamos, solo necesitáramos nuestras capacidades y talentos humanos, no hubiese existido la necesidad de contar con la ayuda del Espíritu Santo.

"La clave de una vida cristiana victoriosa, es tener comunión con el Espíritu Santo y dejarnos guiar por Él, en cualquier cosa que hagamos"

Si tu vida cristiana solo está basada en tu fuerza humana, puede que sea una vida moral, disciplinada o religiosa, pero no una que revela todo lo que Dios puede hacer con quienes se rinden a Su poder. No se trata de nuestro autocontrol, porque los budistas tienen autocontrol y no tienen al Espíritu Santo; no se trata de tener disciplina, porque los musulmanes tienen disciplina y no tienen al Espíritu Santo; no se trata de tener capacidad para convencer, porque muchas sectas son especialistas en convencer a la gente, pero no tienen al Espíritu Santo.

Entonces, ¿qué es lo que nos hace diferentes a todos estos? Nuestra diferencia consiste en que hemos entregado nuestra vida a Dios para que Él viva por medio de nosotros. Vivir para Dios, es revelar a Jesús en nuestras vidas; amando a los que son difíciles de amar, tal como Él les amó; perdonando los que parecen imposibles de perdonar, tal como Él les perdonó; confrontando las injusticias, tal como Él las confrontó; interesándonos por los necesitados, tal como Él se interesó y obedeciendo la voluntad del Padre (aunque sea difícil obedecerla) tal como Él la obedeció.

En este punto, quiero aclarar que esto no solo hace referencia al modo como Dios quiere que vivan los predicadores, pastores, los maestros de la Palabra o los que cantan en el grupo de alabanza, sino que es la forma como debemos vivir todos los hijos de Dios. Así que si eres cristiano, no importa si estás dedicado a la educación, los deportes, los negocios, el arte, la medicina, los diseños o cualquier otra función, procura con todo tu corazón ser lleno del poder del Espíritu Santo de Dios, para que puedas evidenciar el gobierno del Señor en tu vida, en todo lo que hagas y en cualquiera que sea tu función.

Vive para ser la manifestación palpable de alguien que vive bajo el gobierno absoluto del Señor. Para que sin importar el lugar al que llegues, la atmósfera de maldad que pueda haber, se desvanezca y todo lo que esté seco, por causa de la gracia de Dios contigo, reverdezca.

Tener al Espíritu Santo no solo es un regalo, es también una asignación; es un compromiso de dejarnos guiar por Él, para dar cumplimiento a lo que a través de nosotros, el Señor desea hacer.

Cuando tenemos al Espíritu de Dios, pero nos negamos a hacer su voluntad, nuestra vida en vez de revelarlo, lo encarcela; y no hemos sido llenos del Espíritu Santo para ser su cárcel, sino para ser su vehículo. Él quiere lo que somos, para mostrar por medio de nosotros, lo que Jesús es.

El Espíritu Santo es todo lo que necesitamos; tiene todo el poder, la sabiduría, la capacidad y está completamente dispuesto a escucharnos, guiarnos, fortalecernos, acompañarnos y proveernos todo lo que nos haga falta en cada situación que nos toque enfrentar. Él siempre está presente, pero nosotros no siempre somos conscientes de Su presencia. En ocasiones queremos utilizarlo, pero no honrarlo; queremos que nos beneficie, pero sin que nos obstaculice; queremos contar con Él cuando lo necesitamos, pero no le hacemos parte de lo cotidiano. Porque lo queremos como "algo que usamos" y no como Alguien a quien amamos. Y tratándolo así, pretendemos que Él llene nuestra casa con su presencia, que nos revele lo que necesitamos saber y que se mueva con poder y gloria en cada una de nuestras situaciones. Pero Él anda buscando corazones que estén dispuestos a honrarle, que le reconozcan como la Persona que es y se relacionen profundamente con Él, para entonces revelarse a ellos tal como Él es.

"La falta de dirección que tenemos, no es porque no tenemos al Espíritu Santo; es porque el Espíritu Santo no nos tiene a nosotros"

Los atributos del Espíritu Santo como Persona

El Espíritu Santo no es energía, no es viento ni es electricidad; es una persona y para que un ser, sea considerado una persona, debe tener tres atributos específicos, que son: intelecto, voluntad y emociones. Estas tres cualidades las tiene el Espíritu Santo, tal como podemos ver a continuación:

El Espíritu Santo tiene intelecto:

> *"Pero cuando venga el Espíritu de verdad, él los guiará a toda la verdad; porque no hablará por su propia cuenta, sino que hablará todo lo que oiga, y les hará saber las cosas que habrán de venir".*

Juan 16:13 (RVC)

Este versículo dice que el Espíritu Santo oye, habla y guía de acuerdo a lo que oye. Una fuerza, un viento o energía no puede oír, hablar y guiar, porque para esto se necesita una mente inteligente y capaz de procesar.

En el libro de los Hechos, se menciona sesenta veces al Espíritu Santo y en cada ocasión, su nombre siempre está acompañado de un verbo en acción, como: guio, habló, enseñó, reveló, escogió, prohibió, capacitó, sanó, y muchos otros verbos que hacen referencia a la acción que solo puede ejecutar un ser con intelecto.

El Espíritu Santo tiene voluntad:

> *"Pero todo esto lo hace uno y el mismo Espíritu, que reparte a cada uno en particular, según su voluntad".*

1 Corintios 12:11 (RVC)

Otra vez es importante considerar que ni la fuerza ni la energía hacen lo que quieren porque carecen de voluntad, pero el Espíritu Santo es una Persona a la que no podemos tratar de controlar ni tratar de entrar en una caja, porque tiene voluntad propia y no viene a nosotros a ser guiado por nuestras preferencias, sino a guiarnos según el propósito que Dios trazó para nuestra existencia.

118

"Él quiere lo que somos, para mostrar
por medio de nosotros, lo que Jesús es"

El Espíritu Santo tiene emociones:

*"No **entristezcan** al Espíritu Santo de Dios, con el cual
ustedes fueron sellados para el día de la redención".*

Efesios 4:30 (RVC)

Este versículo dice que el Espíritu Santo se puede entristecer, cosa que la energía no puede hacer; porque para entristecerse hay que tener emociones.

Finalmente, cuando conocemos profundamente la Persona del Espíritu Santo, nos damos cuenta de que lo que verdaderamente hace admirable a un hombre o a una mujer de Dios, no son las cosas que hace para el Señor, sino el tipo de relación que tiene con el Espíritu Santo de Dios. Porque a causa de esa relación, puede mostrar con su vida, la fiel manifestación del deseo y la voluntad del Señor, porque para ellos el Espíritu Santo no es algo que pueden utilizar, es Alguien a quien han decidido amar.

*"Por cuanto en mí ha puesto su amor, yo también lo libraré;
Le pondré en alto, por cuanto ha conocido mi nombre".*

Salmos 91:14

PUNTOS A RECORDAR

1. La mayoría de las personas que sirven a Dios, perciben el amor del Padre y viven bajo la gracia del Hijo, pero no tienen una comunión íntima con el Espíritu Santo.

2. No tenemos que manipular a nadie para que acepte o apoye lo que hacemos, porque el Señor hará que lleguen a nosotros, aquellos que fueron asignados al propósito que tenemos.

3. La vida cristiana no fue diseñada para vivirla de acuerdo a lo que nosotros podemos hacer con nuestras propias capacidades o por nuestras propias fuerzas, sino para revelar lo que Dios quiere y puede hacer por medio de nosotros.

4. Vive para ser la manifestación palpable de alguien que vive bajo el gobierno del Señor. Para que sin importar el lugar al que llegues, la atmósfera de maldad que pueda haber, se desvanezca y todo lo que esté seco reverdezca.

5. Si para ser lo que Dios quiere que seamos y hacer lo que Él espera que hagamos, solo necesitáramos nuestras capacidades y talentos humanos, no hubiese existido la necesidad de contar con la ayuda del Espíritu Santo.

6. Cuando tenemos al Espíritu de Dios, pero nos negamos a hacer su voluntad, nuestra vida en vez de revelarlo, lo encarcela; y no hemos sido llenos del Espíritu Santo para ser su cárcel, sino para ser su vehículo.

7. La relación más importante que podemos cultivar cada día, es la relación con el Espíritu Santo.

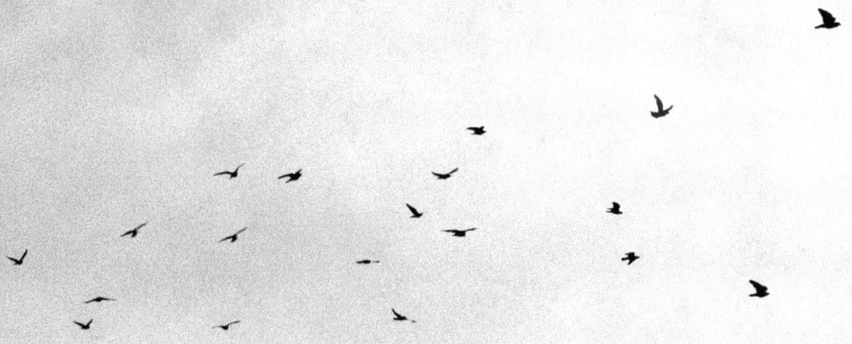

CAPÍTULO 8

EL ESPÍRITU SANTO COMO NUESTRO SELLO

La prueba de la presencia del *Espíritu Santo* en nosotros, es Su operación en nuestros corazones; la cual produce arrepentimiento, manifestación del *fruto* del Espíritu, obediencia a la voluntad de Dios, pasión por la oración, deleite en la adoración y un *amor* desbordante por Su *obra* y por Su pueblo.

"Y el que nos confirma con vosotros en Cristo, y el que nos ungió, es Dios, el cual también nos ha sellado, y nos ha dado las arras del Espíritu en nuestros corazones".

2 Corintios 1:21-22

Luego de ver al Espíritu Santo como el que nos consuela, nos guía y nos revela todas las cosas, en este capítulo lo veremos también como el "Sello" con el que hemos sido sellados y como las "Arras" de la herencia que el Padre nos ha dado por causa de los méritos de Cristo.

El término "sello" en este pasaje es "sfragizo" que significa estampar con anillo o marca privada, para seguridad o preservación.

En la antigüedad, el sello era utilizado para identificar, agregar valor y proteger lo que se tenía como posesión. De hecho, el uso de un sello era tan distintivo que si algo era sellado, todos sabían a quién le pertenecía o de dónde provenía. Por esta razón, cuando Ester pidió al rey Asuero que redactase un edicto para anular el plan de destrucción que Amán tenía en contra de los judíos, el rey respondió: *"Escriban a todos los judíos, a nombre mío, lo que a ustedes les parezca bien, y sellen ese escrito con mi anillo. Como saben, un edicto que se escribe a nombre del rey, y que se sella con su anillo, no puede ser revocado".* **Ester 8:8 (RVC)**

El sello de un rey, no solo confirmaba la procedencia del edicto que se emitía, sino que hacía que fuera irrevocable y aseguraba que tuviese que ser obedecido por todos aquellos a quienes era dirigido. Por esto, cuando el apóstol Pablo afirma que el Espíritu Santo es el Sello divino que el Señor puso en nosotros, nos hace saber que el Espíritu nos ha certificado como propiedad de Dios y que lo que el Señor ha dicho acerca de nosotros, es firme.

En la actualidad, el uso del sello sigue siendo altamente valioso para certificar lo que hacemos y poner identidad en lo que poseemos; es importante además, porque con él podemos verificar la autenticidad, procedencia y veracidad de lo que llega a nuestras manos.

Pero además de poner Su Sello en nosotros, también el Señor nos ha dado un pago por adelantado, en la persona del Espíritu Santo.

"… Y nos ha dado las arras del Espíritu en nuestros corazones".

2 Corintios 1:22

El término "arras" usado en este pasaje, es "arabon" según el griego, y significa "parte del dinero de una compra que se da por adelantado como garantía del pago total". En este sentido, el Espíritu Santo como "las arras" representa el anticipo que el Señor envió a nosotros como garantía de que también nos dará de forma segura, todas las demás cosas que Él nos ha prometido. Porque la inversión que ha hecho en nosotros dándonos su Santo Espíritu, ha sido extraordinariamente grande, así que el acuerdo que tiene con nosotros, no quedará cerrado hasta que no haya hecho el último pago, que es la promesa de que por toda la eternidad viviremos con Él y estaremos siempre a su lado.

"En la casa de mi Padre hay muchos lugares donde vivir; si no fuera así, yo no les hubiera dicho que voy a prepararles un lugar. Y después de irme y de prepararles un lugar, vendré otra vez para llevarlos conmigo, para que ustedes estén en el mismo lugar en donde yo voy a estar".

Juan 14:2-3 (DHH)

Cómo saber si el Espíritu Santo nos ha sellado

La prueba de la presencia del Espíritu Santo en nosotros, es Su operación en nuestros corazones; la cual produce arrepentimiento, manifestación del fruto del Espíritu, obediencia a la voluntad de Dios, pasión por la oración, deleite en la adoración y un amor desbordante por Su obra y por Su pueblo. Estas cosas son la evidencia de que el Espíritu Santo ha renovado el corazón del cristiano que ha sido sellado para el día de la redención.

No podemos decir que el Espíritu Santo vive en nosotros si no vivimos de acuerdo a la instrucción que Él pone en nuestras vidas. Cuando nos rendimos al gobierno del Espíritu Santo, el carácter de Cristo se hace evidente en nuestras vidas.

> *"Por eso, desde el día en que nos enteramos de todo esto, no cesamos de rogar por ustedes. Pedimos a Dios que los llene del conocimiento de su voluntad, que los haga profundamente sabios y les conceda la prudencia del Espíritu".*
>
> **Colosenses 1:9 (BLPH)**

Hay tres definiciones principales del término carácter y son las siguientes:

1. Conjunto de cualidades de una persona o de una colectividad, que le distingue de los demás, por su modo de ser u obrar.

2. Señal espiritual que queda en una persona como efecto del conocimiento que haya adquirido o la experiencia que haya tenido.

3. Señal o marca que se imprime, pinta o esculpe en algo o en alguien. Esta última definición nos lleva directo a considerar la conexión que existe con el Sello que puso Dios en nosotros por el Espíritu Santo y el modo como nuestro carácter se reforma cuando somos sellados por Él.

Antes de que el Espíritu descendiera y permaneciera con los seguidores de Jesús, Él dijo: *"Él mostrará mi gloria, porque recibirá de lo que es mío y se lo dará a conocer a ustedes"*. **Juan 16:14 (DHH)**

Confirmando así, que la presencia del Espíritu Santo en nosotros siempre hará que la imagen y el carácter de Cristo se revele a través de nosotros.

¿De quién es la imagen y la inscripción?

"Entonces enviaron espías que parecían gente buena, para que lo acecharan y atraparan a Jesús en sus propias palabras, y así poder ponerlo bajo el poder y la autoridad del gobernador. Los espías le preguntaron: «Maestro, sabemos que dices y enseñas con rectitud, y que no discriminas a nadie, sino que en verdad enseñas el camino de Dios. ¿Nos está permitido pagar tributo al César, o no?» Pero Jesús se dio cuenta de sus malas intenciones, y les dijo: «Muéstrame una moneda. ¿De quién son la imagen y la inscripción?» Ellos respondieron: «Del César.» Entonces Jesús les dijo: «Pues den al César lo que es del César, y a Dios lo que es de Dios»".

Lucas 20:20-25 (RVC)

Lo descrito en este pasaje, tuvo lugar casi al final del ministerio de Jesús, tiempo para el que los fariseos habían hecho todo lo posible para tratar de detenerlo, pero nada les había dado resultado. Más en esta ocasión, enviaron espías con el propósito de hacerle caer; y para esto, utilizaron una estrategia completamente diferente a todas las que habían usado anteriormente, preguntándole lo siguiente: "¿Nos es lícito dar tributo a César, o no?".

"No podemos decir que el Espíritu Santo vive en nosotros si no vivimos de acuerdo a la instrucción que Él pone en nuestras vidas"

Sabiendo que si Jesús decía que los impuestos debían pagarse a César, podía ser acusado de negar la soberanía de Dios sobre Israel y perdería la simpatía del pueblo judío; mientras que si decía que los impuestos no debían pagarse, se convertiría en enemigo del gobierno de Roma, ya que durante mucho tiempo este gobierno había exigido a los judíos de Palestina que pagaran impuestos; y aunque algunos de los patriotas judíos (como los zelotes) se negaban a hacerlo, no queriendo reconocer el gobierno de Roma como legítimo, la mayoría de la gente, los pagaba aunque fuera de mala gana. Pero Jesús, conociendo la astucia de aquellos espías, les dijo:

*"Muéstrenme la moneda ¿De quién tiene la imagen y la inscripción?" Y ellos respondieron: De César. Entonces Jesús les dijo: "Pues **den a César lo que es de César, y a Dios lo que es de Dios**".*

En aquel tiempo cada denario tenía impresa la imagen de César y representaba el salario de un día, para un trabajador. El diseño de la moneda en sí mismo, era escandaloso para los judíos porque la imagen del emperador Tiberio, estaba grabada en una cara de la moneda, acompañada de las palabras: "Tiberio César Augusto, hijo del divino Augusto". Es decir, la moneda afirmaba que Tiberio era un semidiós y que sus padres eran dioses del culto que celebraban los romanos. Con referencia a lo que dice Jesús, la imagen de las monedas también significaba que el emperador Tiberio, era el propietario legal de las mismas, ya que se distribuían bajo la autoridad de César, y él era responsable de su valor. Por lo que cada vez que se utilizaban esas monedas, se estaba reconociendo la autoridad de Tiberio. Pero Jesús, afirmó que estaba dentro de los derechos del gobierno emitir monedas y cobrar impuestos; y que estaba dentro de los derechos de los ciudadanos, usar esas monedas y pagar sus impuestos. Pero además, Jesús afirmó que así como lo de Cesar debía ser dado a Cesar, lo de Dios tenía que ser dado a Dios. *"Den a César lo que es de César y den a Dios lo que es de Dios".*

"Fuiste sellado por Dios con su Santo Espíritu
para que te parezcas a Él y lo representes"

Porque del modo como la imagen impresa de César en las monedas de Roma, hacen que a él se le deba su pago, así una vida que lleva la imagen impresa de Dios, se debe legítimamente a Dios.

Tener la **"imagen"** de Dios impresa, significa que pertenecemos a Dios, no a César ni a nosotros mismos. Tener la imagen de Dios impresa, establece los límites, regula los derechos y distingue la jurisdicción de los dos imperios a los que respondemos, que son la tierra y el cielo.

> *"Ahora ya no vivo yo, sino que Cristo vive en mí. Y mientras vivo en este cuerpo, vivo por fe en el Hijo de Dios, quien me amó y entregó su vida para salvarme".*
>
> **Gálatas 2:20 (PDT)**

Las imágenes de príncipes colocadas en las monedas de los imperios terrenales, denota que las cosas temporales les pertenecen a los gobiernos. La imagen de Dios estampada en el alma, denota que todo lo que somos y todas las facultades que tenemos, pertenecen a nuestro Dueño y deben ser empleadas en su servicio. De hecho, el término griego para la palabra "imagen" es "eikon" y se traduce como: semejanza, parecido y representación. Así que recuérdalo, fuiste sellado por Dios con su Santo Espíritu para que te parezcas a Él y lo representes. Pero así como Jesús fue tentado, también nosotros seremos expuestos a diversas tentaciones, desafíos y presiones ante las que debemos dejar expuesta la imagen que llevamos impresa.

> *"Y no hagan que se entristezca el Espíritu Santo de Dios, con el que **ustedes han sido sellados para distinguirlos como propiedad de Dios** el día en que él les dé la liberación definitiva".*
>
> **Efesios 4:30 (DHH)**

129

Cuatro razones por las que fuimos sellados con el Espíritu Santo:

1. Fuimos sellados por el Espíritu Santo, para indicar que somos propiedad de Dios

Cuando la esclavitud era una institución aceptada por la sociedad, los amos marcaban o sellaban a sus esclavos. El sello denotaba que el esclavo era propiedad de su amo. Así también el sello con el que Dios nos ha marcado, demuestra que somos Su propiedad exclusiva.

Él es nuestro Amo y nosotros somos sus esclavos; y ser esclavo de Jesús, es un alto honor reconocido por Juan el Bautista, como algo de lo cual no se sentía merecedor.

> *"Pero Juan les respondió: —Yo los bautizo a ustedes con agua. Pero hay alguien que viene después de mí, y que es más poderoso que yo. Él los bautizará con el Espíritu Santo y con fuego. ¡Yo ni siquiera merezco ser su esclavo!".*
>
> **Lucas 3:16 (TLA)**

> *El apóstol Pablo, también se llamó a sí mismo esclavo del Señor. "Yo, Pablo, esclavo de Cristo Jesús y elegido por Dios para ser apóstol y enviado a predicar su Buena Noticia, escribo esta carta".*
>
> **Romanos 1:1 (NTV)**

2. Fuimos sellados por el Espíritu Santo para indicar que Dios tiene autoridad sobre nosotros

El Sello de Dios en nosotros, indica que no nos pertenecemos. Por lo tanto, no podemos hacer con nuestras vidas lo que queremos, sino que para cada cosa que vayamos a hacer siempre debemos procurar la voluntad de Él.

> *"Del mismo modo, y puesto que nuestra confianza en Dios es débil, el Espíritu Santo nos ayuda. Porque no sabemos cómo debemos orar a Dios, pero el Espíritu mismo ruega por nosotros, y lo hace de modo tan especial que no hay palabras para expresarlo".*
>
> **Romanos 8:26 (TLA)**

> *"Si vivimos por el Espíritu, andemos también por el Espíritu".*
>
> **Gálatas 5:25**

3. Fuimos sellados por el Espíritu Santo, para indicar que Dios es responsable de nosotros y nosotros debemos ser responsables con Él

El Sello de Dios en nosotros, garantiza que Él va a cuidarnos, proveernos, instruirnos, fortalecernos y afirmarnos siempre que andemos bajo Su voluntad. El Sello del Espíritu Santo de Dios en nosotros, es la muestra de su compromiso hacia nosotros; y por nuestra parte, nosotros también debemos estar comprometidos en ser siempre fieles y leales a Él.

"Y esta esperanza no nos defrauda, porque Dios ha derramado su amor en nuestro corazón por el Espíritu Santo que nos ha dado".

Romanos 5:5 (NVI)

4. Fuimos sellados por el Espíritu Santo para garantizar que todo lo que Dios nos ha prometido se va a cumplir

Cuando recibimos a Cristo como nuestro Salvador, recibimos una cantidad enorme de promesas. Algunas ya las hemos obtenido, pero otras todavía no. Por ejemplo, la salvación nos otorga el privilegio de morar en el cielo, pero eso todavía no ha sido manifestado. Más el Sello del Espíritu Santo, es la garantía plena de que esa promesa se va a cumplir en su totalidad cuando llegue el tiempo de su manifestación.

¡Gloria al Señor por esto! Dios nos ha sellado con el Espíritu Santo, y ese Sello significa que somos suyos, que Él tiene autoridad sobre nuestras vidas, que Él es responsable de nosotros, y que tenemos la seguridad total de que todo lo que Él nos ha prometido, en su debido tiempo se cumplirá.

"Porque todas las promesas de Dios son en él Sí, y en él Amén, por medio de nosotros, para la gloria de Dios".

2 Corintios 1:20

PUNTOS A RECORDAR

1. Cuando el apóstol Pablo afirma que el Espíritu Santo es el Sello divino que el Señor puso en nosotros, nos hace saber que el Espíritu nos ha certificado como propiedad de Dios.

2. El sello denotaba que el esclavo era propiedad de su amo. Así también el sello con el que Dios nos ha marcado, demuestra que somos Su propiedad exclusiva.

3. El Sello del Espíritu Santo de Dios en nosotros, es la muestra de su compromiso hacia nosotros.

4. Así como Jesús fue tentado, también nosotros seremos expuestos a diversas tentaciones, desafíos y presiones ante las que debemos dejar expuesta la imagen que llevamos impresa.

5. Cuando nos rendimos al gobierno del Espíritu Santo, el carácter de Cristo se hace evidente en nuestras vidas.

6. El Espíritu Santo como "las arras" representa el anticipo que el Señor envió a nosotros como garantía de que también nos dará de forma segura, todas las demás cosas que Él nos ha prometido.

7. La imagen de Dios estampada en el alma, denota que todo lo que somos y todas las facultades que tenemos, pertenecen a nuestro Dueño y deben ser empleadas en su servicio.

CAPÍTULO 9

SOMOS LA CASA DONDE EL ESPÍRITU SANTO VIVE

Muchas iglesias hoy día, han confundido la *libertad* que Cristo nos ha dado, con libertinaje, debido a la corriente de *mundanalidad* que se ha infiltrado en el pueblo de Dios, haciendo que en muchos lugares al ir a una iglesia, no sepamos si estamos en una *discoteca* o estamos en la casa del *Señor*.

"El cuerpo de ustedes es como un templo, y en ese templo vive el Espíritu Santo que Dios les ha dado. Ustedes no son sus propios dueños".

1 Corintios 6:19 (TLA)

Dentro del reino animal, existe una criatura cuya piel se vuelve verde, estando sobre la hierba verde; y estando sobre tierra, se torna de color tierra. Esta criatura es el camaleón, que tiene la capacidad de cambiar el color de su piel para adaptarse al ambiente donde se encuentra.

Muchas otras criaturas también se adaptan a la naturaleza, con el camuflaje que Dios les dio para ayudarles a sobrevivir ante sus depredadores y otras amenazas. Por lo que, es natural que se adapten al medio ambiente en el que están, pero dicha adaptación no cambia lo que son. Algo semejante a esto, expresó Pablo al decir:

"Me he hecho a los judíos como judío, para ganar a los judíos; a los que están sujetos a la ley (aunque yo no esté sujeto a la ley) como sujeto a la ley, para ganar a los que están sujetos a la ley; a los que están sin ley, como si yo estuviera sin ley (no estando yo sin ley de Dios, sino bajo la ley de Cristo), para ganar a los que están sin ley. Me he hecho débil a los débiles, para ganar a los débiles; a todos me he hecho de todo, para que de todos modos salve a algunos. Y esto hago por causa del evangelio, para hacerme copartícipe de él".

1 Corintios 9:20-23

En otras palabras, tal como el camaleón, Pablo se adaptó a cada uno de estos frentes, pero lo hizo para ganar a quienes eran parte de estos, no para perderse con ellos juntamente.

Porque los hijos de Dios son nuevas criaturas, nacidos de arriba y cambiados desde adentro, con un testimonio de vida que confronta al mundo y choca con la conducta pecaminosa aceptada por la mayoría de personas que lo habitan. Es por esto que los verdaderos creyentes no se amoldan a este mundo, sino que lo impactan con el poder transformador del Espíritu Santo, que vive dentro de ellos. Pero los cristianos de la iglesia en Corinto, tenían grandes batallas para ser fieles a Dios, debido a que su entorno estaba lleno de corrupción y prácticas aberrantes. Así que su fe, estaba siendo sometida a prueba, en el crisol de la inmoralidad que había en toda aquella ciudad. Por eso, cuando Pablo se enteró de sus luchas, les escribió cartas para abordar sus problemas y darles dirección. Ya que se les había predicado acerca de la libertad en Cristo, pero muchos estaban malinterpretando esa libertad en temas como la idolatría, el modo como debían relacionarse los unos con los otros y la inmoralidad sexual.

Por ejemplo, debido al trabajo que habían hecho con ellos varios de los líderes y maestros de la iglesia como Pablo y Apolos, tenían preferencias particulares que resultaban en divisiones acerca del modo como percibían el trabajo y el liderazgo de cada uno de estos maestros. Pero Pablo, les enseñó que nuestra lealtad a la sabiduría humana, nunca debe ser motivo de división entre nosotros como cuerpo de Cristo, sino que la lealtad primordial que debemos mostrar, debe ser para Jesús; y cuando somos fieles a

Jesús, no dejamos que la lealtad que le tenemos al hombre, afecte lo que le pertenece a Él.

Por otro lado, los cristianos de Corinto no entendían cómo debían actuar en cuanto a prácticas que no estaban expresamente prohibidas en las Escrituras, como el hecho de comer carne de animales, usados en rituales paganos. Práctica que muchos consideraban corrupta por asociación, pero otros se sentían libres de participar en ellas sin percibir que habían cometido pecado. Pero Pablo, les enseñó que aunque somos libres en Cristo, no debemos abusar de nuestra libertad cristiana, sino que debemos recordar que aunque algunas acciones no son pecaminosas en sí mismas, tampoco son apropiadas, porque pueden llegar a controlar nuestras vidas y terminar apartándonos de los preceptos de Dios. Así que cada vez que dudes de si debes o no llevar a cabo una acción determinada, pregunta al Espíritu Santo si lo que estás pensando hacer, es de su agrado o no lo es; y sé sensible a Su voz. Incluso antes de preguntarle, considera honestamente si lo que quieres hacer, te edifica o contamina; fortalece tu espíritu o lo debilita; te acerca más a la presencia del Señor, o hace que tu comunión con Él se vea afectada.

"Los verdaderos creyentes no se amoldan a este mundo, sino que lo impactan con el poder transformador del Espíritu Santo"

Por otro lado, debemos mostrar consideración y sensibilidad para que nuestra conducta no sea de tropiezo a la vida de los demás.

Porque cualquier cosa que hagamos que perjudique a otros en lugar de ayudarlos, es incorrecta ante los ojos de Dios.

"Por lo tanto, si lo que como hace que otro creyente peque, nunca más comeré carne mientras viva, porque no quiero hacer que otro creyente tropiece".

1 Corintios 8:13 (NTV)

En ese mismo orden, jamás debemos insistir en que otros hagan lo que ellos creen que está mal, solo porque a nosotros nos parece que no lo esté.

Debemos dejar que sea la Palabra de Dios y el consejo del Espíritu Santo que guíe a quienes pertenecen a Él.

Que algo sea popular no significa que se deba practicar

Como ya hemos podido ver, la iglesia de los corintios estaba llena de situaciones complicadas, pero el problema más profundo y peligroso que presentaba era el de la inmoralidad sexual. Ya que al igual que los creyentes de hoy, antes de entregar sus vidas al Señor, habían sido engañadores, avaros, borrachos, ladrones, adúlteros, fornicarios, homosexuales, prostitutos y practicantes de todo acto delictivo. Pero Pablo, les enseñó que Cristo puede libertar y transformar a todos, sin importar el trasfondo de pecado en el que hayan vivido. Pero si los que afirman ser cristianos, en vez de arrepentirse de tales prácticas persisten en ellas, no han tenido un verdadero arrepentimiento y no heredarán el reino de Dios.

"Las obras de la carne se conocen bien: inmoralidad sexual, impureza y libertinaje; idolatría y hechicería; odio, discordia, celos, arrebatos de ira, rivalidades, desacuerdos, sectarismos y envidia; borracheras, orgías y otras cosas parecidas. Les advierto ahora, como antes lo hice, que los que practican tales cosas no heredarán el reino de Dios".

Gálatas 5:19-21 (NVI)

Muchas iglesias hoy día, están siendo atacadas como lo fue la iglesia de Corinto. Ya que muchos han confundido la libertad que Cristo nos ha dado, con libertinaje; y no hablo de que para ser una iglesia sana, tenga que ser una iglesia religiosa donde a todo se le llame pecado, pero si me refiero a la corriente de mundanalidad que se ha infiltrado en el pueblo de Dios, haciendo que en muchos lugares al ir a una iglesia, no sepamos si estamos en una discoteca o estamos en la casa del Señor. Porque desde el altar, se cantan y se bailan canciones mundanas, se practica yoga y otras corrientes similares, se les da espacio a políticos con una agenda completamente antivalores, se apoya el homosexualismo, y se promueve constantemente un libertinaje, que hace que muchos permanezcan atados a las cadenas que Dios quiere quebrantarles.

Y con esto, no estoy emitiendo un juicio en contra de nadie, solo expreso la necesidad que todos tenemos de consagrarnos y orar cada día más por los que están al frente de iglesias y ministerios, para que el Señor encienda en ellos la llama del Espíritu Santo, su entendimiento sea alumbrando y se aparten de todo lo que ofende a Dios; para que así puedan guiar a quienes dirigen, a vivir conforme a la Palabra y ser referentes del poder transformador del Señor. Porque el deseo de Dios es que marquemos la diferencia, que seamos la luz del entorno en el que nos encontramos y la sal que detiene la contaminación del lugar en el que hemos sido colocados.

Más esto no era lo que pasaba con los cristianos de la iglesia de Corinto. Ya que en aquella ciudad, estaba el templo de Apolo, uno de los dioses más populares de la mitología griega, al que para ofrecer culto, se contrataban hombres y mujeres prostitutos con el fin de satisfacer los deseos sexuales de los devotos que asistieran a adorarle; y esta, era solo una de las muchas prácticas aberrantes que se llevaban a cabo en aquella ciudad. Las que en vez de contrarrestar con el poder del Espíritu Santo, algunos mantenían e incluso trataban de justificar como un estilo de vida alterno y aceptable, diciendo que tenían derecho de elegir su preferencia sexual. Pero la Biblia, claramente dice que el comportamiento homosexual, es pecado y estos son términos del Creador, que por la criatura, no pueden ser alterados.

"No te acostarás con un hombre como si te acostaras con una mujer. Eso es un acto aberrante"

Levítico 18:22

"Pues habiendo conocido a Dios, no le glorificaron como a Dios, ni le dieron gracias, sino que se envanecieron en sus razonamientos, y su necio corazón fue entenebrecido. Profesando ser sabios, se hicieron necios, y cambiaron la gloria del Dios incorruptible en semejanza de imagen de hombre corruptible, de aves, de cuadrúpedos y de reptiles. Por lo cual también Dios los entregó a la inmundicia, en las concupiscencias de sus corazones, de modo que deshonraron entre sí sus propios cuerpos, ya que cambiaron la verdad de

Dios por la mentira, honrando y dando culto a las criaturas antes que al Creador, el cual es bendito por los siglos. Amén. Por esto Dios los entregó a pasiones vergonzosas; pues aún sus mujeres cambiaron el uso natural por el que es contra naturaleza, y de igual modo también los hombres, dejando el uso natural de la mujer, se encendieron en su lascivia unos con otros, cometiendo hechos vergonzosos hombres con hombres, y recibiendo en sí mismos la retribución debida a su extravío".

Romanos 1:21-27

Más es necesario que tengamos mucho cuidado con la forma como tratamos a estas personas, porque no estamos llamados a ridiculizarlos, odiarlos ni condenarlos, sino a llevarles la verdad de Dios guiados por el amor, la benignidad y la paciencia; y a presentar sus vidas a Dios en oración para que su misericordia les alcance y sea quebrantada toda cadena que les ate. Porque muchos que en otro tiempo fueron esclavos de estas prácticas, han sido libertados por el Señor; y hoy, son usados poderosamente para traer a Él, a quienes tienen las mismas ataduras que ellos tenían antes.

"Jamás debemos insistir en que otros hagan
lo que ellos creen que está mal, solo porque a
nosotros nos parece que no lo esté"

Cuidado con atarte con los dichos de tu boca

En la iglesia de los Corintios con frecuencia se citaba la frase: "Las viandas para el vientre, y el vientre para las viandas" con el fin de justificar el hecho de dar a sus cuerpos todo lo que el cuerpo les pidiera. En otras palabras, el principio de vida bajo el que muchos vivían, era este: "Cuando mi cuerpo quiere comida, como lo que se me antoja. Cuando mi cuerpo quiere sexo, fornico, adultero, participo en orgías, contrato prostitutas y hago todo lo que quiero".

Pero Pablo, no dejó que tomen ese eslogan para su propia destrucción, sin hacerles la siguiente advertencia: *"El cuerpo que ustedes tienen no es para la fornicación, el cuerpo es para el Señor, así como el Señor es para el cuerpo"*. **1 Corintios 6:13b**

> "Es necesario que tengamos mucho cuidado
> con la forma como tratamos a las personas,
> porque no estamos llamados a ridiculizarlos"

En este punto, es importante aclarar que aunque por causa de la lujuria y el apetito sexual que hay en el cuerpo, puede parecer que Dios hizo nuestros cuerpos para la inmoralidad sexual, Dios no hizo nuestros cuerpos de esa manera; sino que la lujuria vino, como parte de las consecuencias que trajo el pecado de Adán; y nosotros, como sus descendientes en la carne, arrastramos esa herencia de la que solo podemos ser libres, cuando morimos a la carne y vivimos bajo el gobierno del Espíritu Santo de Dios.

Muchos piensan tener el derecho de hacer lo que quieran con su cuerpo, pero vivir para satisfacer deliberadamente los deseos del cuerpo, ha destruido incontables vidas, ha deshecho familias, iglesias, comunidades y hasta naciones completas. Por eso aunque muchos piensen que dar libertad a los deseos desenfrenados del cuerpo les hace libres, esa forma de vida expresa el nivel más alto de esclavitud que podemos llegar a padecer. Es por esto que para protegernos del daño que esto puede causarnos, Dios ofrece satisfacer nuestra soledad y nuestros deseos con su presencia y la compañía del Espíritu Santo cuando entregamos a Él, todo nuestro ser.

> *"Nosotros oramos para que Dios mismo, el Dios de paz, los purifique completamente para que pertenezcan solo a él. También pedimos para que todo su ser: su espíritu, su alma y su cuerpo permanezcan siempre sin mancha para cuando el Señor Jesucristo regrese".*
>
> **1 Tesalonicenses 5:23 (PDT)**

La vida sexual según la corriente del mundo versus la vida sexual que Dios diseñó

El sexo dentro del matrimonio puede ser creativo y hermoso mientras que el sexo fuera del matrimonio, es destructivo y deshonroso. Indudablemente, hay emoción y placer en la experiencia sexual fuera del matrimonio, pero absolutamente siempre, hay destrucción y ruina envueltos en dichas emociones. Tal como el siguiente pasaje lo expresa:

> *"La prostituta te llevará a la pobreza, pero dormir con la mujer de otro hombre te costará la vida. ¿Acaso puede un hombre echarse fuego sobre las piernas sin quemarse la ropa? ¿Podrá caminar sobre carbones encendidos sin ampollarse*

*los pies? Así le sucederá al hombre que duerme con la esposa
de otro hombre. El que la abrace no quedará sin castigo".*
Proverbios 6:26-29 (NTV)

El sexo fuera del matrimonio, es como quien roba un banco, que
toma algo que no es suyo pero un día, tendrá que pagar las consecuencias por lo que robo. Mientras que el sexo dentro del matrimonio, es como quien pone dinero en el banco, que obtiene
seguridad, protección y ganancia de intereses acumulados por lo
que ha ahorrado.

De hecho, podemos ver la sabiduría del diseño de Dios para el
cuerpo y la pureza sexual, cuando vemos los problemas de emba-
razos no planeados, las enfermedades de transmisión sexual, los
traumas y las vidas descompuestas, que son solo parte del resultado de dar rienda suelta al libertinaje y usar el cuerpo de forma
contraria a la que Dios dispuso que fuera usado.

El sexo dentro del matrimonio contribuye con la seguridad para
el futuro, pero el sexo fuera del matrimonio corrompe el alma y
destruye la estabilidad, haciendo que el futuro llegue como asal-
tante y encuentre a quien lo practica, sin lugar seguro donde sus
pies se puedan afirmar.

Porque el fornicario y el adúltero, al igual que el homosexual,
pueden olvidarse de sus pecados, pero sus pecados no se olvida-
rán de ellos.

¿Cómo podemos conquistar los deseos de la carne?

La única forma de conquistar los deseos de la carne, es rindiendo nuestra vida a Dios y viviendo bajo la instrucción y guía del Espíritu Santo, porque nadie sin Su ayuda, tiene poder para controlar los deseos de su carne, pero cuando vivimos bajo Su gobierno, la única prioridad que tenemos, es vivir para amar y agradar a Jesús, Quien antes de nosotros llegar a amarle, nos amó primero. Tal como dijo el apóstol Juan: *"Si amamos a Dios es porque él nos amó primero"*. **1 Juan 4:19**

> *"Por lo demás, hermanos, piensen en todo lo que es verdadero, en todo lo honesto, en todo lo justo, en todo lo puro, en todo lo amable, en todo lo que es digno de alabanza; si hay en ello alguna virtud, si hay algo que admirar, piensen en ello".*
>
> **Filipenses 4:8 (RVC)**

PUNTOS A RECORDAR

1. Los hijos de Dios son nuevas criaturas, nacidos de arriba y cambiados desde adentro, con un testimonio de vida que confronta al mundo y choca con la conducta pecaminosa aceptada por la mayoría.

2. Aunque algunas acciones no son pecaminosas en sí mismas, tampoco son apropiadas, porque pueden llegar a controlar nuestras vidas y terminar apartándonos de los preceptos de Dios.

3. Cada vez que dudes de si debes o no, llevar a cabo una acción determinada, pregunta al Espíritu Santo si lo que estás pensando hacer, es de su agrado o no lo es; y sé sensible a Su voz.

4. El deseo de Dios es que marquemos la diferencia, que seamos la luz del entorno en el que nos encontramos y la sal que detiene la contaminación del lugar en el que hemos sido colocados.

5. La Biblia claramente dice que el comportamiento homosexual, es pecado y estos son términos del Creador, que por la criatura, no pueden ser alterados.

6. Aunque muchos piensen que dar libertad a los deseos desenfrenados del cuerpo les hace libres, esa forma de vida expresa el nivel más alto de esclavitud que podemos llegar a padecer.

7. La única forma de conquistar los deseos de la carne, es rindiendo nuestra vida a Dios y viviendo bajo la instrucción y guía del Espíritu Santo.

CAPÍTULO 10

DE SIERVOS A AMIGOS

No es lo mismo ser un *siervo* de Dios,
que ser su *amigo*. Porque el siervo
sabe lo que tiene que hacer y lo hace;
pero el amigo conoce el *propósito*
de lo que ha de hacer y se le permite
interactuar con su amigo acerca de los
resultados que se han de obtener.

"Ya no los llamaré siervos, porque el siervo no sabe lo que hace su señor; yo los he llamado amigos, porque todas las cosas que oí de mi Padre, se las he dado a conocer a ustedes".

Juan 15:15 (RVC)

Dios no solo nos ha dado una vida nueva, para sustituir la antigua que teníamos; sino también para mostrarse al mundo por medio de nosotros a través de la vida que le rendimos.

*"El que se une con el Señor, se vuelve **un solo espíritu con Él"**.*

1 Corintios 6:17 (PDT)

Dios anhela tener una relación basada en la confianza, la comunión íntima y el compromiso con cada uno de nosotros. Pero, ¿qué tanto queremos nosotros tener ese tipo de relación con Él?

Somos siervos del Señor porque le servimos, pero el modo como le servimos, determina si nos mantenemos siendo sus siervos o nos convertimos en sus amigos.

El hecho de desear establecer una amistad profunda e íntima con Dios, implica tener la disposición de pasar tiempo con Él, rendirle nuestra voluntad y hacer que nuestra vida sea un vivo reflejo de la voluntad de Él. Pero esto no es algo que podemos hacer por nosotros mismos, porque... *"Los malos deseos están en contra de lo que quiere el Espíritu de Dios, y el Espíritu está en contra de los malos deseos. Por lo tanto, ustedes no pueden hacer lo que se les antoje".* **Gálatas 5:17 (TLA)**

"Ahora, como ustedes son sus hijos, Dios ha enviado el Espíritu de su Hijo a vivir en ustedes. Por eso, cuando oramos a Dios, el Espíritu nos permite llamarlo: «Papá, querido Papá»".

Gálatas 4:6 (TLA)

Dios nos hizo un espíritu con Él, para que al vivir en su naturaleza divina podamos ser capaces de ver cómo Él ve, oír como Él oye y entender las cosas a la manera de Él.

Todo el que desea tener una amistad con Dios, debe entender sus caminos. Porque hay una gran diferencia entre conocer a Dios por lo que hace y conocer a Dios por quién Él es. Tal como lo expresó el salmista, al decir: *"Sus caminos notificó a Moisés, Y a los hijos de Israel sus obras".* **Salmos 103:7**

Estableciendo una marcada diferencia entre los caminos y las obras del Señor; y si conocer a Dios por obras fuera lo mismo que conocerlo por Sus caminos, este pasaje dijera: *"Sus caminos y sus obras notificó a Moisés y también a Israel"* pero eso no es lo que dice.

El término "obras" se define como: actos, hechos, proezas y hazañas mientras que el término "camino" tiene significados variados, entre ellos: senda, sendero, tierra hollada o arreglada de tal manera que se puede caminar por ella para llegar hasta un destino. Pero también significa: costumbre, conducta o manera de actuar. Tal como vemos a continuación:

*"El Señor ha dicho: Mis pensamientos no son los pensamientos
de ustedes, ni son sus caminos mis caminos".*

Isaías 55:8

Cuándo la Biblia habla de los caminos de Dios, principalmente se
refiere a Su manera de ser y actuar; a su conducta, su intención, su
voluntad y al propósito por el que hace las cosas. El modo como
reaccionamos ante lo que Dios hace o no hace, revela si lo conocemos por sus obras o si lo conocemos por sus caminos, tal como
lo conoció Moisés.

"Hay una gran diferencia entre conocer a Dios por
lo que hace y conocer a Dios por quién Él es"

El pueblo hebreo contempló las "obras" de Dios, cuando vio a
Moisés llegar a Egipto y reunirse con los ancianos para comuni-
carles la visión que el Señor le había dado; también las vieron en
todas las plagas que Dios mandó a Egipto y en las señales que
hizo delante del Faraón por medio de Moisés. Pero Moisés, que
también vivió todos aquellos portentos, no solo los vio, sino que
además sabía la causa por la que estaban aconteciendo, porque el
Señor se lo notificó.

*"Cuando hayas vuelto a Egipto, mira que hagas delante
de Faraón todas las maravillas que he puesto en tu mano;
pero yo endureceré su corazón, de modo que no dejará ir
al pueblo".*

Éxodo 4:21

"Y a la verdad yo te he puesto para mostrar en ti mi poder, y para que mi nombre sea anunciado en toda la tierra".

Éxodo 9:16

Los Israelitas se sentían muy decaídos y tristes cuando observaban que el Faraón permanecía endurecido a pesar de las veces que Moisés se presentaba delante de él, pero no pasaba igual con el modo como se sentía Moisés, ya que el Señor le había notificado la forma como respondería el Faraón y la razón por la que así, debía de responder.

"Y acostumbraba hablar el Señor con Moisés cara a cara, como habla un hombre con su amigo".

Éxodo 33:11 (LBLA)

Otro ejemplo de alguien que conoció a Dios por sus caminos, es Abraham. A quien el Señor le dijo: *"Vete de tu tierra y de tu parentela, y de la casa de tu padre, a la tierra que te mostraré"* y *"creyó Abraham a Dios, y le fue contado por justicia".* **Santiago 2:23**

Abraham creyó a Dios obedeciéndole y Dios lo honró haciendo que se cumpliera lo que le prometió. Así que luego de 25 años de haber salido de su tierra, el Señor lo visitó para decirle: *"El año que viene volveré a visitarte, y para entonces tu esposa ya será madre de un hijo".* **Génesis 18:10 (TLA)** y tal como lo prometió, así lo manifestó; y al año siguiente Sara, se hallaba abrazando a su hijo. (Ver Génesis 21)

Pero cuando el Señor visitó a Abraham para hablarle acerca del tiempo del nacimiento de su hijo, también habló a sí mismo diciendo: *"¿Encubriré yo a Abraham lo que voy a hacer, habiendo de ser*

Abraham una nación grande y fuerte, y habiendo de ser benditas en él todas las naciones de la tierra? Porque yo sé que mandará a sus hijos y a su casa después de sí, que guarden el camino de Jehová, haciendo justicia y juicio, para que haga venir Jehová sobre Abraham lo que ha hablado acerca de él". **Génesis 18:17**

Y habiéndolo considerado, procedió a contarle a su amigo la causa de la acción que (de ser evidenciado el clamor que había en contra de aquellas dos ciudades) el Señor había de llevar a cabo.

Abraham supo los secretos del Altísimo, conoció las causas de sus intenciones y comprendió el propósito por el cual Él quería llevar a cabo dichas acciones. De hecho, la consideración que el Señor tuvo a Abraham fue tanta, que le permitió abogar a favor de aquellas ciudades para que de hallarse un número determinado de personas justas, el plan de destruir aquellas ciudades, quedara sin efecto.

"Entonces Jehová le dijo: Por cuanto el clamor contra Sodoma y Gomorra se aumenta más y más, y el pecado de ellos se ha agravado en extremo, descenderé ahora, y veré si han consumado su obra según el clamor que ha venido hasta mí; y si no, lo sabré. Y se apartaron de allí los varones, y fueron hacia Sodoma; pero Abraham estaba aún delante de Jehová. Y se acercó Abraham y dijo: ¿Destruirás también al justo con el impío? Quizá haya cincuenta justos dentro de la ciudad: ¿destruirás también y no perdonarás al lugar por amor a los cincuenta justos que estén dentro de él? Lejos de ti el hacer tal, que hagas morir al justo con el impío, y que sea el justo tratado como el impío; nunca tal hagas. El Juez

de toda la tierra, ¿no ha de hacer lo que es justo? Entonces respondió Jehová: Si hallare en Sodoma cincuenta justos dentro de la ciudad, perdonaré a todo este lugar por amor a ellos. Y Abraham replicó y dijo: He aquí ahora que he comenzado a hablar a mi Señor, aunque soy polvo y ceniza. Quizá faltarán de cincuenta justos cinco; ¿destruirás por aquellos cinco toda la ciudad? Y dijo: No la destruiré, si hallare allí cuarenta y cinco.

Y volvió a hablarle, y dijo: Quizá se hallarán allí cuarenta. Y respondió: No lo haré por amor a los cuarenta. Y dijo: No se enoje ahora mi Señor, si hablare: quizá se hallarán allí treinta. Y respondió: No lo haré si hallare allí treinta. Y dijo: He aquí ahora que he emprendido el hablar a mi Señor: quizá se hallarán allí veinte. No la destruiré, respondió, por amor a los veinte. Y volvió a decir: No se enoje ahora mi Señor, si hablare solamente una vez: quizá se hallarán allí diez. No la destruiré, respondió, por amor a los diez. Y Jehová se fue, luego que acabó de hablar a Abraham; y Abraham volvió a su lugar".

Génesis 18:20-33

Hablar de Abraham, es hablar de alguien que creyó a Dios y le obedeció en todo lo que Él ordenó, por eso pudo ser llamado Su amigo.

De igual modo, en este tiempo el Señor anda buscando amigos fieles, porque quienes se niegan a obedecerle, no pueden ser Sus amigos. Pero aquellos que por su obediencia y entrega, se convierten en amigos de Dios, serán recompensados y esa recompensa, aun a sus descendientes favorecerá. *"Pero tú, oh Israel, eres mi siervo;*

*tú, oh Jacob, a quien escogí, **descendencia de Abraham mi amigo".***
Isaías 41:8

Finalmente, para llevar a cabo su asignación en la tierra, Jesús escogió a doce hombres, que desde el momento en que les llamó, dejaron todo para ir en pos de Él. A tal punto, qué luego de Jesús llamarles, no hay ningún registro de que alguno (excepto Judas) le haya abandonado, haya renunciado a su asignación o se haya querido devolver. Al contrario, aunque otros se volvían atrás, ellos siempre estuvieron dispuestos a seguir con Él.

> *"A partir de entonces muchos de sus discípulos dejaron de seguirlo, y ya no andaban con él. Entonces, Jesús dijo a los doce: «¿También ustedes quieren irse?» Simón Pedro le respondió: Señor, ¿a quién iremos? Tú tienes palabras de vida eterna. Y nosotros hemos creído, y sabemos, que tú eres el Cristo, el Hijo del Dios viviente."*
> **Juan 6:66-69 (RVC)**

Fue a estos hombres, que Jesús les dijo: *"Ya no los llamaré siervos, porque el siervo no sabe lo que hace su señor; yo los he llamado amigos, porque todas las cosas que oí de mi Padre, se las he dado a conocer a ustedes".* **Juan 15:15 (RVC)**

Dando a entender con estas palabras, que hay dos maneras de servir a Dios: una es como siervo y la otra es como amigo.

Esta aplicación toma mayor relevancia por el significado que asumía la condición de un siervo en la cultura de aquellos días. Ya que, el siervo era tratado como menos que un capataz, porque este último trabajaba por un salario. Pero el siervo, pertenecía a su amo como una propiedad; era como un inmueble o como cualquier cosa que se compra y se vende; que trabajaba para su amo sin recibir ningún tipo de salario porque era como su esclavo.

"En este tiempo el Señor anda buscando amigos fieles, porque quienes se niegan a obedecerle, no pueden ser Sus amigos"

El siervo, se levantaba muy temprano por la mañana y se presentaba a su amo, el cual le asignaba el trabajo del día. Por ejemplo, el amo decía: "Vete a los hatos, toma 100 ovejas del redil y llévalas a fulano de tal, que está en tal o cual lugar".

Una vez recibida aquella orden, el siervo iba, buscaba las 100 ovejas, caminaba los kilómetros necesarios con la manada y se las llevaba a la persona señalada por su señor. Cuando terminaba la encomienda, regresaba y esperaba al día siguiente para llevar a cabo la próxima tarea que se le asignara.

En cambio, al amigo se le dice: "Pedro hazme el favor y escoge las mejores 100 ovejas de mi rebaño y llévaselas a Felipe, el cual está interesado en comprármelas. Él me ofreció 100 denarios por ellas. ¿Qué te parece? Yo considero que el precio es justo; y es precisamente la cantidad que necesito para comprar la viña que está al lado de mi propiedad, donde pienso plantar una preciosa hortaliza".

Entonces, ¿cuál es la diferencia principal entre un siervo y un amigo? El siervo sabe lo que tiene que hacer y lo hace; el amigo conoce el propósito de lo que ha de hacer y se le permite interactuar con su amigo acerca de los resultados que se han de obtener.

No es lo mismo ser un siervo de Dios, que ser su amigo. Porque el siervo no sabe lo que hace su señor. Pero al amigo se le revelan los propósitos y las intenciones de las cosas. Más solo los siervos obedientes, se convierten en amigos fieles. Así que no digas que quieres ser amigo de Dios, si no estás dispuesto a obedecerle en todo y serle fiel por encima de cualquier desafío, en cualquiera que sea la asignación que hayas recibido de parte de Él. Ya que como alguien dijo una vez: *"El amigo es un confidente que comparte el conocimiento de un propósito superior y voluntariamente lo adopta como suyo propio".*

"Dios mío, cumplir tu voluntad es mi más grande alegría;
¡tus enseñanzas las llevo muy dentro de mí!".

Salmos 40:8 (TLA)

PUNTOS A RECORDAR

1. Somos siervos del Señor porque le servimos, pero el modo como le servimos, determina si nos mantenemos siendo sus siervos o nos convertimos en sus amigos.

2. Dios nos hizo un espíritu con Él, para que al vivir en su naturaleza divina podamos ser capaces de ver cómo Él ve, oír como Él oye y entender las cosas a la manera de Él.

3. El modo como reaccionamos ante lo que Dios hace o no hace, revela si lo conocemos por sus obras o si lo conocemos por sus caminos.

4. Hay dos maneras de servir a Dios: una es como siervo y la otra es como amigo.

5. No digas que quieres ser amigo de Dios, si no estás dispuesto a obedecerle en todo y serle fiel por encima de cualquier desafío, en cualquiera que sea la asignación que hayas recibido de parte de Él.

6. Aquellos que por su obediencia y entrega, se convierten en amigos de Dios, serán recompensados y esa recompensa, aun a sus descendientes les favorecerá.

7. El hecho de desear establecer una amistad profunda e íntima con Dios, implica tener la disposición de pasar tiempo con Él, rendirle nuestra voluntad y hacer que nuestra vida sea un vivo reflejo de la voluntad de Él.

CONCLUSIÓN

El Espíritu Santo, nos ha sido dado para acompañarnos, equiparnos y guiarnos; pero no todos los creyentes disfrutan de esta gracia porque no todos le conocen; la razón por la que no le conocen es porque no tienen comunión con Él, y al no tener comunión con Él, se pierden de Su amistad; la cual está disponible para todos los que han confesado a Jesús, como su Señor. Pero solo los que se dedican a conocerlo y de todo corazón se disponen a obedecerlo, la puede llegar a tener.

Más allá de la salvación, más allá del bautismo en agua y más allá de estar lleno de su presencia como resultado de haber aceptado a Jesucristo, el Espíritu Santo desea que le conozcamos de forma personal para que podamos desarrollar con Él, una relación de amistad. Una amistad que no solo sea para el tiempo presente sino que permanezca por toda la eternidad.

¡Oh gloria al Señor! Qué maravilloso es saber que la tercera Persona de la trinidad, Quien tiene todo poder, dominio y autoridad, ardientemente nos anhela y desea tener con nosotros una profunda amistad. Así que no ignores su deseo, vive para conocerlo y no lo hagas esperar más.

"¿O suponen que en vano dice la Escritura: El Espíritu que él hizo morar en nosotros nos anhela celosamente?".

Santiago 4:5 (RVA-2015)

OTROS LIBROS
DE LA AUTORA

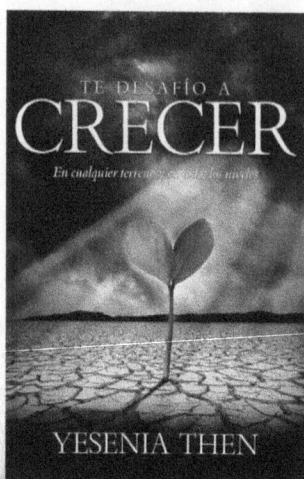

Te Desafío a Crecer

Más que un simple libro, es una herramienta de inspiración, dirección y fortalecimiento, que te hará no conformarte con menos de lo que fuiste creado para ser. El desafío está en pie, atrévete a crecer continuamente por encima de todas tus circunstancias y sin dejarte gobernar por tus dificultades.

Indetenibles

365 mensajes, anécdotas e ilustraciones que impulsarán tu avance hacia la conquista de lo que Dios ha trazado para ti. Con fragmentos de lectura cargados de impacto, sabiduría e inspiración de Dios, a través de su autora, Yesenia Then. Un libro solo recomendado para aquellos que no aceptan otro diseño que no sea el que ya Dios creó para ellos y que, hasta no ver cumplido ese diseño en sus vidas, han tomado la firme y obstinada decisión de ser INDETENIBLES.

Diamantes

Un libro de lectura fácil y sencilla que contiene 200 frases de activación, inspiración e instrucción de Dios, que si pones en práctica te servirán como herramienta útil para vivir de manera más sabia, efectiva y productiva el trayecto de vida que tienes delante.

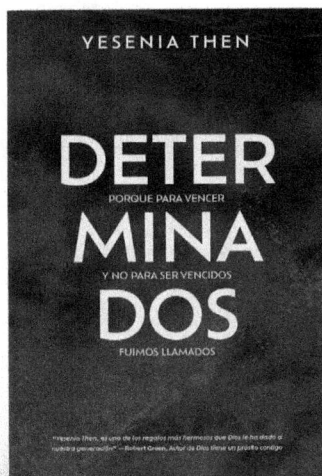

Determinados

¿Qué tan determinado eres? La mayoría de personas piensan que son más determinadas de lo que sus hechos revelan.

DETERMINADOS es un compendio de siete capítulos basados en historias y enseñanzas prácticas, altamente valiosas de la Biblia; que te ayudarán a desarrollar el nivel de determinación, firmeza y valentía que necesitas para no solo dar pasos hacia delante, sino dar los giros necesarios para que puedas tener un verdadero avance.

¿Estás listo para iniciar esta experiencia de activación y forta-lecimiento?

Lo que debes hacer cuando no sabes que hacer

Lo que serás mañana, depende de las decisiones que tomes hoy. El poder de la elección es una de las más importantes capacidades que tenemos. Pero debemos tener el debido entendimiento para usarla como debemos. Ya que todo lo que hoy somos, es producto de las decisiones que tomamos ayer; y lo que seremos mañana, depende de las decisiones que tomemos hoy. Tener que elegir entre lo que está bien y lo que está mal no siempre es fácil, pero el mayor desafío que tenemos a veces, es saber cómo tomar la mejor decisión cuando hay que escoger entre varias opciones que parecen ser buenas e identificar cuál de todas es la correcta para nosotros.

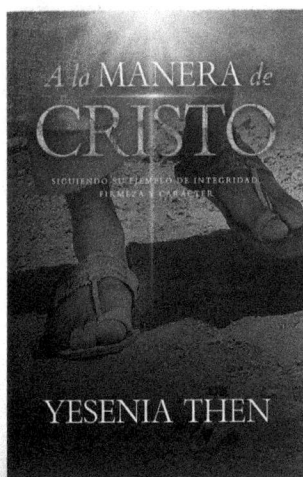

A la manera de Cristo

El libro que tienes a mano representa un manual de instrucciones, basado en el ejemplo de vida del único Ser absolutamente perfecto que ha estado en esta tierra; quien siendo Dios, mostró un nivel de obediencia admirable, quien siendo Rey, sirvió a otros de forma inagotable y que aún teniendo bajo Sus pies todas las cosas, se despojó de todo para mostrar su amor a favor de cada uno de nosotros.

En este contenido, podrás aprender acerca de la firmeza de carácter y la determinación que Jesús mostró: Su compromiso con Su asignación, Su respuesta ante la tentación y muchos otros temas que estamos convencidos que impactarán tu corazón.

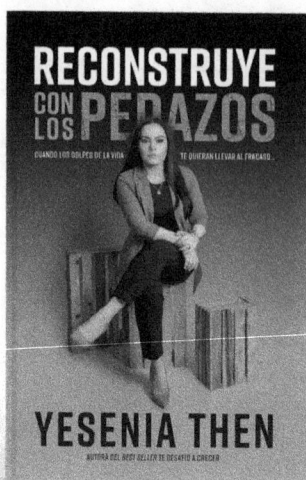

Reconstruye con los pedazos

Sin importar la edad que tengas, la familia de donde provengas o los conocimientos con los que cuentes, tarde o temprano tendrás que pasar por situaciones que no son exactamente lo que esperabas enfrentar. Estas circunstancias llegaron sin avisar, sin pedir permiso, para victimizarte, aislarte o hacerte sentir que jamás podrás superarlo. ¡No le des el gusto! Porque precisamente el modo en cómo decidas hacerle frente a lo que te acontece es lo que marcará la diferencia entre si terminas rendido o superas tal embate como un sobreviviente. Uno que al ver lo que fue quebrado, no se lamenta por los pedazos sino que se enfoca en lo que puede hacer con ellos.

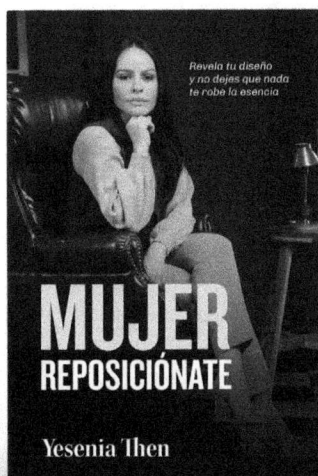

Mujer reposiciónate

"Mujer Reposiciónate", escrito por la pastora Yesenia Then, es más que un libro; es una guía de activación y empoderamiento, esencial para mujeres que buscan superar sus adversidades y alcanzar su destino divino. Con un enfoque bíblico y un estilo directo y accesible, Yesenia Then aboga por el 'reposicionamiento', explicando cómo las experiencias dolorosas, una vez entregadas a Dios, pueden transformarse en un poderoso impulso hacia la realización de nuestro propósito. Este libro destaca la importancia de reconocer y preservar nuestra esencia única en medio de los desafíos de la vida.

Lo Que Dios Escribió De Ti

Tu vida es la manifestación de la respuesta de Dios para el tiempo y el lugar donde te encuentras. Todos tus días fueron puestos en la agenda de Dios y se asignó a tu vida un número de días coherente con la misión para la cual fuiste diseñado. Por lo tanto, eres un diseño pensado y un propósito manifestado cuya autoría pertenece completamente a Dios.

El autor de tu vida quiere que vivas de forma efectiva y cumplas con todo lo que plasmó en su libro acerca de ti. En este escrito, la Pastora Yesenia Then, basada en principios bíblicos, nos ayuda a entender lo que Dios escribió de nosotros y nos da poderosas instrucciones sobre cómo hacer que tal escrito se manifieste a cabalidad en nuestras vidas.

Puedes acceder a todos estos estos libros escaneando este código QR

También puedes encontrarlos en
www.yeseniathenlibros.com
www.renacerbooks.com